D1746742

Roman Löw

# TURNAROUND

## AUS DER KRISE ZUM TOP-UNTERNEHMEN

Roman Löw

# TURNAROUND

# AUS DER KRISE ZUM TOP-UNTERNEHMEN

Ein Arbeitsbuch aus der Praxis für die Praxis

F.A.Z.-INSTITUT

**Bibliografische Information der Deutschen Nationalbibliothek**
Die Deutsche Nationalbibliothek verzeichnet diese Publikation
in der Deutschen Nationalbibliografie; detaillierte bibliografische
Daten sind im Internet über http://dnb.d-nb.de abrufbar.

Roman Löw
Turnaround
Aus der Krise zum TOP-Unternehmen
Ein Arbeitsbuch aus der Praxis für die Praxis

F.A.Z.-Institut für Management-,
Markt- und Medieninformationen GmbH

2. Auflage
Frankfurt am Main 2009

ISBN 978-3-89981-749-2

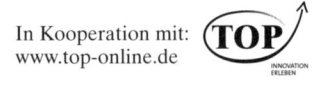

In Kooperation mit: **TOP**
www.top-online.de

**F.A.Z.-INSTITUT**

Copyright: F.A.Z.-Institut für Management-,
Markt- und Medieninformationen GmbH
60326 Frankfurt am Main
Gestaltung / Satz
Umschlag: Nicole Bergmann
Satz Innen: Nicole Bergmann, Angela Kottke, Ernst Bernsmann
Druck: Messedruck Leipzig GmbH, Leipzig

Alle Rechte, auch des auszugsweisen Nachdrucks, vorbehalten.

Printed in Germany

# Inhalt

| | | |
|---|---|---|
| Vorwort | | 7 |
| I | Einführung | 9 |
| II | Theorie der Prozessimplementation: die 7 „N-Maßnahmen" | 19 |
| | 1 Erste Maßnahme: Organisieren | 21 |
| | 2 Zweite Maßnahme: Trainieren | 23 |
| | 3 Dritte Maßnahme: Standardisieren | 26 |
| | 4 Vierte bis siebte Maßnahme: Visualisieren, Kommunizieren, Implementieren, Disziplinieren | 27 |
| | 5 Die wichtigsten Kennzahlen | 28 |
| III | Von der Theorie zur Praxis: Implementierungsanleitung | 53 |
| | 1 Konzepterstellung | 57 |
| | 2 Bewusstseinsveränderung planen | 58 |
| | 3 Trainieren | 60 |
| | 4 Einführung des 5S-Prozesses | 62 |
| | 5 Installation Qualitätszentrum | 76 |
| | 6 Zielvorgaben, Ziele und Vision | 78 |
| | 7 Installation des Informationszentrums | 83 |
| | 8 Implementation von Teamstrukturen | 87 |
| | 9 T-Card-System zwecks Prozesskonfirmation | 91 |
| | 10 Zukunftswerkstatt | 92 |
| | 11 Lean-Logistik | 94 |
| | 12 Lean Learning Center | 96 |
| | 13 Resümee zur Implementierung | 97 |
| | 14 Unser Betrieb im Jahr 2008 | 98 |

| IV | Fazit | 101 |

Literatur 107
Abkürzungsverzeichnis 108
Stichwortverzeichnis 109

Der Autor 110

# Vorwort

Die Globalisierung schreitet mit Siebenmeilenstiefeln voran. Das geschieht so schnell, dass viele den Begriff schon nicht mehr hören mögen. In dieser kurzzyklischen Welt ist es gelungen, ein rheinland-pfälzisches Unternehmen aus einer wirtschaftlichen Krise zu befreien und zu einem „Hidden Champion" zu mausern. Aus einem tief in den roten Zahlen steckenden Betrieb ist binnen drei Jahren ein profitables Unternehmen erwachsen.

Wie ist das in der globalisierten Welt, über die so viele klagen, möglich? Einer Welt, in der der Konkurrenzdruck zunimmt, die Kosten steigen und Manager angeblich maßlos handeln? Die Antwort ist einfach: Nicht Restrukturierungsmaßnahmen führten zum Aufschwung, sondern der Betrieb hat alte Tugenden wieder entdeckt. Disziplin, Ausdauer und Arbeitseifer bilden die Basis des Erfolgs. Gepaart mit strenger Einhaltung bekannter Prinzipien des „Lean-Ansatzes" aus dem Toyota-Produktionssystems (TPS), einer auf Leadership basierenden Führung und einer leistungsfähigen Belegschaft ist nun ein neuer Begriff entstanden: „Highspeed Lean".

Die Initialzündung für diese „Verschlankung in Hochgeschwindigkeit" bestand darin, dass ich einfach „unternahm". Trotz aller Skepsis, Ungläubigkeit, Kopfschütteln und sogar Widerstand, die mir entgegenschlugen, setzte ich meinen Weg fort. So nahm die Erfolgsgeschichte ihren Lauf: Begünstigt durch gute Rahmenbedingungen, beispielsweise durch die Rückendeckung seitens des spanischen Mutterkonzerns, konnte ich meine Mitarbeiter mit meinem Lean-Gedanken „infizieren". Somit war die Grundlage geschaffen, das Lean-Prinzip kaskadenförmig über alle Unternehmensebenen auszubreiten. Das Unternehmen kam wieder auf die Erfolgsspur. Der Standort und die Arbeitsplätze waren gesichert. In diesem Buch ist die spannende Laufbahn des Unternehmens beschrieben. Lassen auch Sie sich bei der Lektüre dieses Buches von den Gedanken „infizieren"!

Roman Löw

# I
Einführung

Bettina, unsere technisch administrative Assistentin, steht tief bestürzt in meinem kargen Büro. Ihre Botschaft ist unmissverständlich. „Die Stimmung in unserer Fabrik ist in einem absoluten Tief", beklagt sie mit zittriger Stimme. Schon des Öfteren in den vergangenen sechs Monaten hatte sie mich – vorsichtig – auf das schlechte Betriebsklima hingewiesen. Das hatte mich jedoch nicht besonders aus der Fassung gebracht. Ich beruhigte sie jedes Mal mit meiner Devise: „Ohne Fleiß kein Preis". Doch das stieß nur bei wenigen Mitarbeitern auf Anklang.

Dieses Mal – es war ein trüber Wintertag Anfang 2005 – schien mein Trost nicht zu helfen. Die Situation war ernster denn je. Vor mir stand eine Mitarbeiterin mit Tränen in den Augen: Sollte dies bedeuten, dass sich die völlig überforderte Führungsmannschaft von ihrem Vorgesetzten, von mir, befreien sollte?

Einen kurzen Moment dachte ich daran aufzugeben. Doch sekundenschnell wurde mir klar, welche Fortschritte unser Unternehmen bereits gemacht hatte, seit wir vor sechs Monaten mit der Implementierung eines intelligenten Produktionssystems begonnen hatten. 250 Arbeitsplätze – so schoss es mir durch den Kopf – würde ich mit großer Wahrscheinlichkeit riskieren, wenn ich resignierte, und das nur, weil eine Handvoll Führungskräfte nicht den Mut hatte, mir in die Augen zu sehen, mir persönlich ihre Anliegen vorzutragen. Das bürdeten sie lieber meiner Assistentin auf.

Aufgeben? Niemals! Niemals habe ich in schwierigen Zeiten das Handtuch geworfen. Schon meine Großmutter gab mir als kleinem Jungen Anfang der Fünfzigerjahre des 20. Jahrhunderts mit auf den Weg, dass es immer ein Licht am Ende des Tunnels gibt. Das prägt mich noch heute. Und in unser Unternehmen fiel zu diesem Zeitpunkt schon der erste Schimmer dieses Lichtes.

Jetzt, da sich das Erscheinungsbild des Unternehmens für jeden deutlich sichtbar aufhellte und die Konzernspitze Vertrauen in unser neues Konzept entwickelte und Investitionen genehmigte, würde ich um keinen Preis vor ein paar feigen Abteilungsleitern kapitulieren. Das ließe ich niemals zu. Nein, sie würden aussortiert werden, spätestens, wenn sie die mit ihnen vereinbarten Ziele nicht erreichten. So würden sie denjenigen erfolgshungrigen jungen Menschen in unserem Betrieb Platz machen, die schnell erkannt hatten, dass es sich lohnte, den eingeschlagenen Weg zu gehen, auch wenn dieser viel Aufopferung von jedem von ihnen abverlangte.

So setzte ich mein Konzept für den Turnaround Punkt für Punkt fort:

- Wir ermittelten die Ist-Situation, indem wir die betriebliche Datenerfassung zu Hilfe nahmen.
- Wir definierten konkrete Zielvorgaben (targets).
- Wir stellten Ziele (objectives) auf, um uns im Wettbewerb abheben zu können.
- Wir hielten an unserer Vision fest, auch wenn sie unerreichbar schien. Und diese lautete: „Wir wollen im Jahr 2007 zu den Gewinnern des Wettbewerbs ‚Die Fabrik des Jahres' gehören."

Diese im Sommer 2004 definierte Vision im Auge, legten wir konkrete Vorgaben zu

- mehr Arbeitssicherheit,
- höherer Qualität,
- einem effizienteren Wertstrom,
- geringeren Kosten,
- einer größeren Moral und
- höheren Umweltstandards

zu Grunde. Das führte zu Maßnahmen, die regelmäßig – sei es stündlich, täglich, wöchentlich, monatlich oder jährlich – überwacht werden. Denn „Lean", schlanke Prozesse, bedeutet die nie endende Suche nach Verbesserung und basiert auf den sieben N-Maßnahmen Organisieren, Trainieren, Standardisieren, Visualisieren, Kommunizieren, Implementieren und Disziplinieren.

Aus heutiger Sicht haben sich alle Mühen gelohnt, für jeden Einzelnen im Unternehmen, der sich aufopferte. Jeder von ihnen hat heute, vier Jahre später, eine Führungsaufgabe und beweist weiterhin täglich sein Engagement für die niemals endende Verbesserung. „Lasst uns heute besser sein als gestern und morgen besser als heute" lautet ihre Devise. Und so hat diese Mannschaft mit grenzenloser Selbstdisziplin erreicht, wovon selbst ich nur träumte:

- Das Unternehmen entwickelte sich binnen zwölf Monaten vom C-Lieferanten (ohne Aussicht auf Neuaufträge) zum A-Lieferanten und wurde in das Lieferantenportfolio zweier globaler Automobilhersteller aufgenommen, obwohl diese seit Jahren die Anzahl ihrer Zulieferer reduzierten.

- Es erfüllte im selben Zeitraum die Erfordernisse für die Zertifizierung nach ISO 16949 und ISO 14001 (Qualitäts- und Umweltaudit).

- Da die Neuaufträge nicht abreißen, wird unser Unternehmen kontinuierlich erweitert.

- Unser Unternehmen erhielt im Rahmen des „Lean Award" den Sonderpreis für „Best Practice Lean Start-up" und errang beim Wettbewerb „Die Fabrik des Jahres" den Sieg in der Kategorie „Beste Teilefertigung".

Lassen Sie mich an dieser Stelle darauf hinweisen, dass es nur wenige Technische Universitäten in Deutschland gibt, die einen Lehrstuhl für schlanke Fertigung eingerichtet haben. Wie ich aus Gesprächen mit Fachleuten erfahren habe, scheinen manche Professoren das Thema nicht in den Bereich der Wissenschaften einzuordnen. Jedoch treten bei meinen Vorträgen immer wieder Studenten mit dem Anliegen an mich heran, mich für eine bessere Position der Thematik zur schlanken Fertigung an den Universitäten einzusetzen. Auch junge Ingenieure, die ich in den vergangenen Jahren einstellte, schienen auf Grund ihrer Unkenntnis gegenüber diesem Thema von einem Angstgefühl geplagt zu sein, wenn ich sie durch unseren Betrieb führte. Bei der Aufklärung über die schlanke Fertigung besteht in höchstem Maße Nachholbedarf. Das rheinland-pfälzische Wirtschaftsministerium hat mich nun gebeten, bei der Einrichtung einer Plattform für einen derartigen Lehrstuhl beratend mitzuwirken.

**Die Person Roman Löw**

Bevor ich Ihnen meine Roadmap zum Turnaround erläutere, möchte ich mich Ihnen gern vorstellen.

*Erinnerungen aus meiner Kindheit und Jugend*

Ich bin im Jahr 1949 im damals französischen Saarland geboren. Einige Begebenheiten aus meiner Kindheit haben mein Leben so stark geprägt, dass ich sie hier nicht außer Acht lassen möchte. Als Kind sah ich täglich die französischen Panzer durch die Hauptstraße unseres Dorfes rollen. Ich erinnere mich allzu gut, wie meinen Eltern und Großeltern, die die Schrecken des Zweiten Weltkriegs noch längst nicht überwunden hatten, die Angst beim Anblick der Panzer ins Gesicht geschrieben stand. Mangel und Bescheidenheit gehörten zu unserem Alltag: Die Auslagen in den Geschäften waren dürftig, und Süßigkeiten, selbst die billigsten, gab es nur in meinen Träumen. Noch heute sind für mich sahnegefüllte Windbeutel ein Sinnbild für Luxus.

Als mir meine Eltern zu Weihnachten ein ferngelenktes Sportfahrzeug schenkten, das sie aus Rheinland-Pfalz eingeschmuggelt hatten, erwuchs in mir der Traum, später einmal ein echtes zu besitzen. Dieses Ziel prägte mein Leben, auch wenn meine Wurzeln in einer Bergarbeiter- und Handwerkerfamilie eigentlich niemals zuließen, von einem Sportwagen dieser Kategorie zu träumen.

Ich wuchs in einer Großfamilie auf, die einen engen Bezug zu Nachbarn und deren Kindern hatte. Ich fühlte mich dort sehr wohl und lernte früh, dass alle Schwierigkeiten im Team gelöst wurden. Das lernte ich im Übrigen auch beim Fußball, einer Sportart, die ich leidenschaftlich gern spielte und die ein wunderbarer Ausgleich für meinen „Einzelkampf" beim Tennis war.

*Viele Dinge lehrt uns das Leben*

Teamgeist ist natürlich auch für meine Aufgabe in meinem jetzigen Unternehmen eine wichtige Voraussetzung. Eine schwierige Situation zu meistern lernte ich sehr früh durch meinen Freund Dieter: Dieter kam aus einer Großfamilie und wohnte am Ende unserer kleinen Straße. Als

Siebenjähriger war er mir als zwei Jahre Älterem körperlich deutlich überlegen. Das nutzte er in regelmäßigen Abständen – in „Kämpfen" zog ich immer den Kürzeren –, bis seine Familie kurze Zeit später in einen anderen Ortsteil zog. Möglicherweise wurde er durch dieses frühe Training und seinen Kämpfergeist – er war später ein in der Region bekannter Schwergewichtsboxchampion – geprägt und gründete schon als Mitte 20-Jähriger sein bis heute erfolgreiches Handwerksunternehmen. Ich hatte ihn allerdings zu diesem Zeitpunkt bereits aus den Augen verloren. Erst etwa 20 Jahre später, als ich als junger Ingenieur meine berufliche Betätigung aufnahm, wurde ich wieder auf ihn aufmerksam. Ich staunte nicht schlecht, welches berufliche und soziale Ansehen er erlangt hatte. Er wurde zu einem Vorbild für mich, weil er – aus armen Verhältnissen kommend wie ich – es in jungen Jahren zu Erfolg gebracht hatte.

Meine Lehre im Maschinenbau sowie das entsprechende Studium absolvierte ich auf Grund meiner eingeschränkten finanziellen Möglichkeiten auf dem Zweiten Bildungsweg. Das erforderte ein hohes Maß an Disziplin und Ausdauer.

Warum ich Ihnen diese Anekdoten aus meinem Leben erzähle? Sie veranschaulichen meine bis heute geltenden Leitlinien: dass es im Leben immer auf ein klares Ziel (Sportwagen), Problemlösung im Team (Problembewältigung in der Familie, Fußball), Durchsetzungsvermögen (Tennis), Disziplin und Ausdauer (Ausbildung, zweiter Bildungsweg) sowie ein Vorbild ankommt. Diese Eigenschaften sind Grundvoraussetzung für die Übernahme einer Führungsposition, gleich, ob sie durch äußere Umstände gegeben oder durch Schulung, Ausbildung oder Trainingsmaßnahmen erlangt wurden.

*Essentials:*
- *Bescheidenheit*
- *Vision*
- *Teamgeist*
- *Durchsetzungsvermögen*
- *Disziplin und Ausdauer*
- *Wissbegierigkeit*
- *Vorbild (muss kein Held sein)*

*Meine beruflichen Anfänge und
wie ich zu meinem jetzigen Unternehmen kam*

Im Jahr 1970 stieg ich als junger Ingenieur bei einem globalen Automobilhersteller ein. In den kommenden mehr als 30 Jahren wurde mir die Verantwortung über Fabriken mit bis zu 2.200 Mitarbeitern sowie über globale Projekte übertragen. Unter anderem hatte ich die Aufgabe, ein standardisiertes Produktionssystem für den Konzern in Europa einzuführen. Dafür war ich durch Ex-Toyota-Manager ausgebildet worden.

*Ärgern oder ändern*

Als ich mich vor wenigen Jahren zur Ruhe setzen wollte, wurde ich von der eigenen Zukunft „überrascht". Die Hauptverantwortlichen des Konzerns, für den ich heute tätig bin, baten mich eindringlich, ihrem Konzern aus der wirtschaftlichen Krise herauszuhelfen. Ich schlug nicht sofort ein, erst nachdem sie ihre Bitte mehrfach wiederholt hatten und ich die Fabrik gesehen hatte, um die es ging, stimmte ich zu. Im Nachhinein fühlte ich mich allerdings unwohl und gewissermaßen auch „überfahren". Offen gesagt: Ich ärgerte mich über meine eigene Zusage; sie schien mir zu wenig überlegt. Aber was heißt ärgern? Menschen ärgern sich, wenn die Realität nicht den Vorstellungen entspricht. Die Realität ist oft nicht zu ändern. Auch ich konnte die Realität, nachdem ich zugesagt hatte, nicht mehr ändern, also musste ich meine Vorstellungen ändern, wenn ich mich nicht weiter ärgern wollte.

*Tun, was zu tun ist*

Dennoch blieb mir bis zu meinem Antritt im Sommer 2004 ein mulmiges Gefühl. Allein die Tatsache, dass ich nur einem „Kurzbesuch" in dem Unternehmen zugestimmt hatte, beruhigte mich ein wenig. Nur drei Monate lang sollte ich in dem Unternehmen agieren. Das sei zu schaffen, ermutigte ich mich selbst.

*Tue, was du sagst, sage, was du tust, und beweise es*

Es kam jedoch anders: Aufgrund der überaus positiven Entwicklung hat sich mein „Kurzbesuch" bis heute schon auf vier Jahre ausgedehnt. An meine anfängliche Vision, die ich im Jahr 2004 ausgab und auch niederschrieb, kann ich mich noch genau erinnern. Sie lautete: „Wir wollen im Jahr 2007 zu den Gewinnern des Wettbewerbs ‚Die Fabrik des Jahres' gehören." Geglaubt daran habe ich – ehrlich gesagt – damals kaum. Umso überraschter war ich, dass wir diese Vision tatsächlich erreichten. Mit meiner Erkenntnis heute und nach etlichen Besuchen kranker deutscher Mittelständler bin ich jetzt überzeugt, dass vergleichbare Firmen das gleiche Ziel in der gleichen Zeit erreichen können.

*Essentials:*
- *Ändern statt ärgern*
- *Mut zur Veränderung*
- *Tun, was zu tun ist, und tun, was du sagst*
- *Vision im Auge behalten*

# II

## Theorie der Prozessimplementation: die 7 „N-Maßnahmen"

Die Prozessimplementation, die Umsetzung von der Theorie in die Praxis, basiert auf den bereits erwähnten sieben „N-Maßnahmen":

1. Organisieren

2. Trainieren

3. Standardisieren

4. Visualisieren

5. Kommunizieren

6. Implementieren

7. Disziplinieren

# 1 Erste Maßnahme: Organisieren

Dass ein Unternehmen auf seinen Menschen basiert, ist nichts Neues. Ein gut geführtes Unternehmen basiert aber zusätzlich – und das vor allem – auf einer schlanken Organisation, in der jeder Einzelne seine Rolle und Verantwortung kennt. Das erfordert eine detaillierte Arbeitsplatzbeschreibung für jeden, die zudem mit ihm abgestimmt ist. Diese Beschreibung muss außerdem beinhalten,

- welche Funktion der Mitarbeiter in der Organisation übernimmt,
- wer sein Kunde – intern sowie extern – ist und
- welche Abteilungsziele und welche individuellen Ziele gesteckt sind.

Arbeitsplatzbeschreibungen werden für die gesamte Fabrikbelegschaft von den Geschäftsführern über Angestellte im Technischen Büro, im Controlling, in der Finanzbuchhaltung, in der EDV-Abteilung bis zum Produktionsarbeiter erstellt.

Generell wird jedem Mitarbeiter Verantwortung für seinen Arbeitsplatz und seine Abläufe übertragen. Zudem wird ihm auch vermittelt, wie wichtig es ist, dass er neue Ideen und Verbesserungsvorschläge einbringt. Die Angestellten sollen zudem ihre Prozesse immer wieder kontrollieren, um Fehler zu eliminieren und von vornherein auszuschließen.

Alle Mitarbeiter sind in Teams organisiert und in ein spezielles Entgeltsystem eingebunden. Ob Sie in den Produktionsbereichen ohne Meisterebene agieren können, hängt von der Qualifikation Ihrer Teamführer ab. In unserer Fabrik hat das bisher nicht funktioniert, wir operieren weiterhin mit einer Meisterebene. Auch das Verhältnis zwischen Teamführer und Teammitgliedern, die sogenannte Teamratio, muss auf Ihr Fertigungsumfeld abgestimmt sein. In unserem Betrieb liegt sie etwa bei 1:15. Auf Teamaktivitäten werde ich später (Kapitel III, 8) zurückkommen.

*Essentials:*
- *Detaillierte Arbeitsplatzbeschreibung für jeden Mitarbeiter erstellen*
- *Funktionen und Verantwortlichkeiten definieren*
- *Teamstrukturen generieren*
- *Zielorientiertes Entgeltsystem implementieren*

Diese Aktivitäten sind vorbereitend oder parallel durch die Geschäftsleitung mit dem Betriebsrat abzustimmen, um einen reibungslosen Start zur Veränderung zu erreichen.

# 2 Zweite Maßnahme: Trainieren

Bevor ich näher auf die zweite Maßnahme, das Training, eingehe, möchte ich klarstellen, dass es sich bei unserer Veränderung um das Einführen eines intelligenten Fertigungssystems handelt. Es geht nicht um die Kopie eines Toyota-Produktionssystems. Erfunden wurden Produktionssysteme in Deutschland mit der Gründung der Refa-Organisation zu Beginn der Vierzigerjahre des 20. Jahrhunderts. Anders als im sogenannten Toyota-Produktionssystem, das in den Siebzigerjahren umgesetzt wurde, setzt Refa den sogenannten Refa-Ingenieur bzw. Refa-Spezialisten ein. Diesem obliegt die Umsetzung der Neuerungen im Betrieb. Das intelligente Produktionssystem setzt dagegen auf die Betriebsmitarbeiter. Denn: Wer kennt sich im Betrieb besser aus als er und wer weiß besser als unser Mitarbeiter vor Ort, Maßnahmen zur Verbesserung von Arbeitssicherheit, Ergonomie, Qualität und Effizienz kosten- und umweltgerecht umzusetzen. Voraussetzung ist natürlich, der Mitarbeiter wird gefragt und trainiert.

**Wer fragt, führt.**

## Trainingsmaßnahmen

Der erste Schritt zur Veränderung ist, Ihre gesamte Belegschaft auf die Turnaround-Maßnahme vorzubereiten, indem eine Bewusstseinsveränderung erzielt wird. In unserer Fabrik setzten wir dazu einen erfahrenen externen Trainer ein, der alle Mitarbeiter in einem dreitägigen Seminar auf die Veränderungen vorbereitete. Gleichzeitig wurden alle Betriebsangehörigen mit den sogenannten schlanken Werkzeugen, Lean Tools, vertraut gemacht.

Selbstverständlich müssen Sie als Leiter – sei es als Vorstand, Geschäftsführer, Werkleiter o.Ä. – mit diesen Werkzeugen vertraut und zu 100 Prozent überzeugt sein, dass die Turnaround-Maßnahme Ihre Fabrik verändert und auf die Erfolgsspur führen wird. Ihre Aufgabe ist es nämlich, Ihre gesamte Mannschaft für Ihr Ziel zu begeistern, sie mitzureißen und sozusagen zu „infizieren". Das gelingt Ihnen am besten, wenn Sie vorbildlich Ihre Ideen vorleben.

Suchen Sie sich den besten Ihrer Führungsmannschaft, der über Fach-, Führungs- und Sozialkompetenz verfügt, heraus. Er soll die neu geschaffene Funktion des Lean-Agenten übernehmen. Diese Aufgabe ist so wichtig, dass sie keinesfalls jemandem in Ihrer Organisation übertragen werden darf, der sonst keine Funktion übernehmen kann. Das würde nicht nur verhindern, dass das Train-the-Trainer-Prinzip funktioniert, sondern Ihr hochgestecktes Ziel von vorneherein unerreichbar machen. In unserer Fabrik stammte der Lean-Agent aus der Technischen Abteilung. Seine dortigen Aufgaben wurden den dort verbleibenden Mitarbeitern übertragen, so dass der Lean-Agent sich voll und ganz seinem neuen Aufgabengebiet widmen konnte. Einen Mitarbeiter speziell für die Position des Lean-Agenten zu akquirieren, kam in unserer Fabrik auf Grund der misslichen finanziellen Lage, in der wir uns befanden, nicht in Betracht.

*Ziele so hoch und so konkret wie möglich.*

Die Trainings beispielsweise zu Overall equipment effectiveness (OEE), Quick change over (QCO), 5S, Total productive maintenance (TPM), Kontinuierlicher Verbesserungsprozess (KVP), Statistical process control (SPC), Wertstrom und Lean-Logistik führten zunächst externe Trainer durch. Danach instruierte unser Lean-Agent nach dem Train-the-Trainer-Prinzip kaskadenförmig die weitere Belegschaft. Jede neue Maßnahme wurde zunächst nur im Rahmen von Pilotprojekten in ausgesuchten Bereichen implementiert, denn hierbei ist es wichtig, dass die Mitarbeiter gerade in diesen Pilotbereichen für die Veränderung aufgeschlossen sind. Die Vorteile, die durch die Maßnahmen in den Pilotbereichen erzielt wurden, sind in der gesamten Belegschaft zu publizieren. Erst dann sollen die Maßnahmen kaskadenförmig auf die gesamte Fabrik entsprechend eines Projektplans ausgeweitet werden.

Alle Trainings sind in bestimmten Zeiträumen zu wiederholen, in unserer Fabrik wurden alle Trainings binnen vier Jahren mindestens zwei-

*Outdoor-Führungstraining*

mal wiederholt. Fach- und Sprachtrainings sollten daneben selbstverständlich sein. Dass diese auch stattfinden, überwache ich als Werkleiter in monatlichen Abteilungsmeetings und kontrolliere es durch Auswertung von Masterplan, Scorecard etc.

*Essentials:*
- *Vorbildliches Vorleben der Veränderung durch Geschäftsleitung*
- *Lean-Agenten auswählen*
- *Bewusstseinsveränderung herbeiführen*
- *Mitarbeiter vor Ort von Anfang an einbinden und Refa-Spezialisten ersetzen*
- *Lean-Training nach Train-the-Trainer-Prinzip*
- *Pilotbereiche für alle Maßnahmen auswählen*
- *Projektplan für kaskadenförmige Weitergabe erstellen*
- *Alle Trainings regelmäßig wiederholen*

# 3 Dritte Maßnahme: Standardisieren

**Ohne Standard keine Verbesserung.**

Ohne Standards gibt es keine Verbesserung. Benutzen verschiedene Personen zur Herstellung eines Produkts die gleichen Abläufe und die gleichen Maschinen bzw. Einrichtungen, werden Sie immer Unterschiede feststellen. Sorgen Sie daher konsequent für einen absolut gleichen Ablauf über 24 Stunden am Tag, um somit die Basis für eine kontinuierliche Verbesserung (KVP = kontinuierlicher Verbesserungsprozess) zu schaffen. Standards müssen wesentlicher Bestandteil Ihrer Scorecard sein.

Wenn keine Standards gesetzt werden, können daraus negative Konsequenzen resultieren. Das möchte ich Ihnen gern anhand unseres Schulsystems veranschaulichen: Jeder, der mit einem schulpflichtigen Kind schon einmal in ein anderes Bundesland gezogen ist, kennt die Problematik aus eigener Erfahrung. Schulbücher und Schulpläne fallen in den Aufgabenbereich der Bundesländer und sind somit in jedem Bundesland völlig unterschiedlich gestaltet. Für Kinder ist ein Schulwechsel daher mit großen Nachteilen verbunden. Sie bleiben allzu oft auf der Strecke. Dabei ist der Mensch mittlerweile die einzige natürliche Ressource, über die wir in Deutschland verfügen.

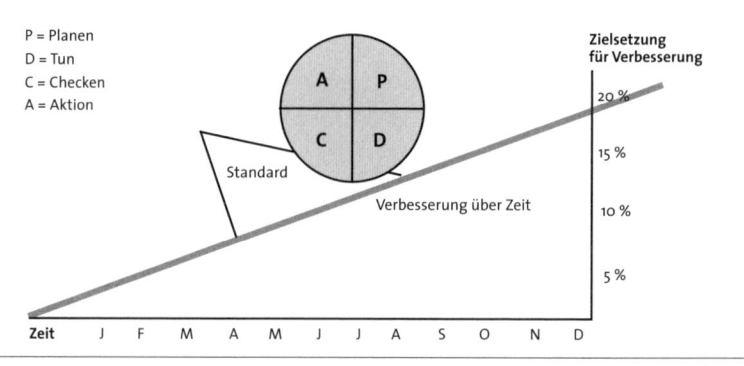

*Umsetzungsprozess*

# 4 Vierte bis siebte Maßnahme: Visualisieren, Kommunizieren, Implementieren, Disziplinieren

Die weiteren Maßnahmen – Visualisieren, Kommunizieren, Implementieren und Disziplinieren, also die vier restlichen „N's" – erläutere ich Ihnen in der Implementierungsanleitung (Kapitel III). Sie ergeben sich unmittelbar aus den ersten drei Maßnahmen, wie der Zeitstrahl des Implementationsprozesses auf Seite 55 verdeutlicht.

# 5 Die wichtigsten Kennzahlen

Nachdem nun die Organisation und die Veränderungsplanung mit den entsprechenden Trainingsmaßnahmen erläutert wurden und auf die Wichtigkeit von Standards hingewiesen wurde, komme ich zur Entwicklung der Kennzahlen, die unser Unternehmen in den Jahren 2004 bis 2007 wesentlich prägten. An diesen Kennzahlen, die wesentlicher Bestandteil unserer Scorecard sind, orientiert sich hauptsächlich unsere tägliche, wöchentliche, monatliche und jährliche Anstrengung für das Erreichen unserer Zielvorgaben (targets), unserer Ziele (objectives) sowie unserer Vision. Zahlen und Daten bilden die Grundlage für jede Verbesserung. Die Firmensanierung basiert zu 90 Prozent nicht auf Einsparung, sondern auf technischen Kennzahlen.

Mittels Kennzahlen – in unserem Unternehmen gibt es derzeit rund 50 – können die Zielvorgaben erfasst werden. Entsprechend unseres Standards wird jede Kennzahl durch ein Symbol visualisiert. Die Kennzahlen – im Folgenden stelle ich Ihnen unsere wichtigsten vor – erscheinen immer in der nachfolgend dargestellten Reihenfolge:

A = **Arbeitssicherheit** ✚
Q = **Qualität** 🅀
W = **Wertstrom** ✋
K = **Kosten** $
M = **Moral** ☺
U = **Umwelt** 🌐

## a Kennzahl: Arbeitssicherheit ✚

Nicht ohne Grund steht Arbeitssicherheit bei unseren Kennzahlen an erster Stelle, denn der Mensch, dessen Gesundheit und Leben sind die wichtigsten Güter auf unserer Erde. Dies sollten wir uns viel häufiger

**Anzahl Unfälle** 💭 *Verbesserung: 80 %*

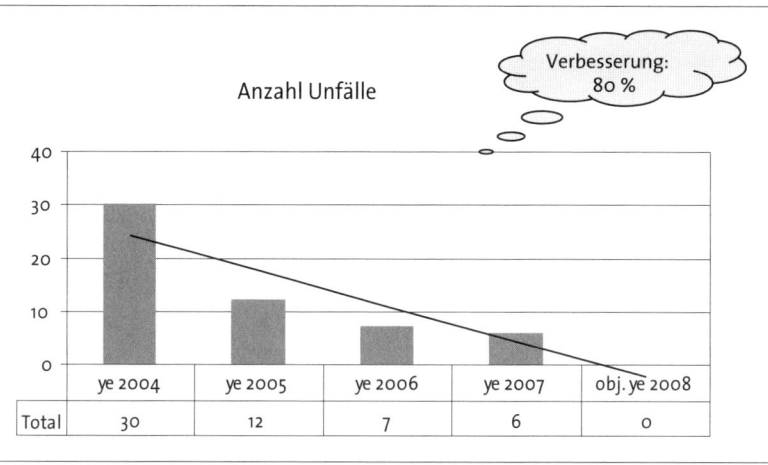

| | ye 2004 | ye 2005 | ye 2006 | ye 2007 | obj. ye 2008 |
|---|---|---|---|---|---|
| Total | 30 | 12 | 7 | 6 | 0 |

*Anzahl der Betriebsunfälle*

bewusst machen, wenn wir über Globalisierung sprechen und dabei vor allem an wirtschaftliche Aspekte denken.

In unserem Unternehmen konnten die Arbeitsunfälle um 80 Prozent reduziert werden. Das wurde im Wesentlichen durch folgende Maßnahmen erreicht:

1. Jeder meldepflichtige Unfall sowie jede Situation, in der es beinahe zu einem Unfall gekommen wäre – und sei es eine noch so geringe Verletzung –, sind Anlass detaillierter Untersuchungen. Die Untersuchungen müssen zu einer technischen Lösung führen, damit Wiederholungen ausgeschlossen werden können. Es wird auf keinen Fall akzeptiert, wenn das Untersuchungsergebnis lautet, der Unfall oder der Beinahe-Unfall resultierten aus menschlichem Versagen oder Unachtsamkeit.

2. Täglich finden Sicherheitsbegehungen nach einem festen Plan in Teilbereichen der Fabrik statt, so dass im Verlauf einer Woche die gesamte Fabrik sowie das Außengelände besichtigt werden. Alle Abweichungen, die Sicherheit und Umwelt beeinflussen, werden fotografiert und am nächsten Tag im täglichen Steuerungskreis der gesamten Führungsmannschaft sowie in den Teambesprechungen den Verursachern und deren Vorgesetzten präsentiert. Von der technischen und organisatorischen Seite her müssen zu diesem Zeitpunkt (24 Stunden später) längst alle Maßnahmen eingeleitet sein, um die Abweichung, zumindest temporär, zu eliminieren. Bei den Begehungen liegt das Augenmerk insbe-

sondere auf dem Tragen der Sicherheitskleidung und -ausstattung sowie auf absoluter Ordnung und Sauberkeit.

3. Wir haben eine Fachkraft mit entsprechendem Ausbildungsnachweis für Arbeitssicherheit, Ergonomie und Umwelt von ihrer sonstigen Arbeit freigestellt und sie für alle Themen der Arbeitssicherheit direkt der Werkleitung unterstellt. Die Fachkraft bewertet die Arbeitsplätze konsequent, analysiert Gefährdungen und Belastungen unter Einbeziehung der Mitarbeiter und deren Vorgesetzten und stößt die Implementierung geeigneter Maßnahmen an.

4. Wir wenden eine spezielle Technik an, die sogenannte „vorbeugende Arbeitssicherheitstechnik VAT", so dass die Teammitglieder die Arbeitsplätze nach potentiellem Unfallrisiko analysieren können.

5. Jedes Team diskutiert ungefähr fünf potentielle Arbeitsrisiken und ermittelt unter Einbeziehung aller das größte Risiko. Ziel ist, das Risiko durch eine technische Lösung zu minimieren. Sofern trotzdem ein Restrisiko besteht, soll sich dieses durch einen sich reimenden Spruchs einprägen, zum Beispiel: „Trägst du keinen Helm, magst du sein ein Schelm."

6. Für individuelle Schulungen wird ein Thema des Monats definiert, beispielsweise Verhalten im Kranbereich, Umgang mit Gabelstapler oder Vorsichtsmaßnahmen bei Verwendung toxischer Stoffe.

7. Nach längerer Abwesenheit (Urlaub, Krankheit etc.) werden die Mitarbeiter speziell unterwiesen. Der Mitarbeiter muss den Erhalt dieser Unterweisung, die ihm schriftlich ausgehändigt wird, durch seine Unterschrift bestätigen.

8. Ein Physiotherapeut leitet zu einem Arbeitstechniktraining für jeden einzelnen Arbeitsplatz nach einem festen Zeitplan an.

9. Unsere Sozialräume (Umkleide- und Duschräume, Toiletten, Pausenräume, Kantine und Raucherseparée) werden regelmäßig überwacht und gepflegt.

10. Ist ein Bereich oder eine Abteilung mehr als 500 Tage unfallfrei, spendiert das Unternehmen ein Frühstück, das der Werkleitung ermöglicht, mit wenigen Worten das Erreichte zu würdigen, neuen Ansporn zu geben sowie die Verbesserung an das Entgeltsystem zu koppeln.

*Essentials:*
- *Technische Maßnahmen zur Vermeidung von Unfallwiederholungen*
- *Beinahe-Unfälle und Verletzungsursachen ermitteln und beseitigen*
- *Tägliche Sicherheitsbegehung mit Visualisierung*
- *Persönliche Schutzkleidung und -ausstattung tragen*
- *Auf Ordnung und Sauberkeit achten*
- *Fachkraft für Arbeitssicherheit, Ergonomie und Umwelt beauftragen*
- *Vorbeugend agieren und Arbeitsrisiken minimieren*
- *Ständig nach festem Plan ausbilden und unterweisen*
- *Arbeitstechniktraining durchführen*
- *Verbesserungen standardisieren, visualisieren, kommunizieren, implementieren*
- *Motivieren und Anreize schaffen*

## b Kennzahl: Qualität Q

Da wir in unserer Fabrik nicht einen einzigen Artikel herstellen, der nicht durch tausende Wettbewerber weltweit herstellbar wäre, musste ich von Anfang an der Belegschaft verdeutlichen, dass wir über kein Alleinstellungsmerkmal verfügen. Um trotzdem im Wettbewerb punkten zu können, gab es nur die Möglichkeit, uns über außergewöhnliche Qualität zu profilieren. Das ist uns gelungen: Im Jahr 2007 erhielten wir über einen Zeitraum von elf Monaten keine einzige Kundenbeanstandung. Unsere hohe Qualität konnten wir an der Kennzahl „0 ppm" ablesen (ppm, parts per million, erfasst die

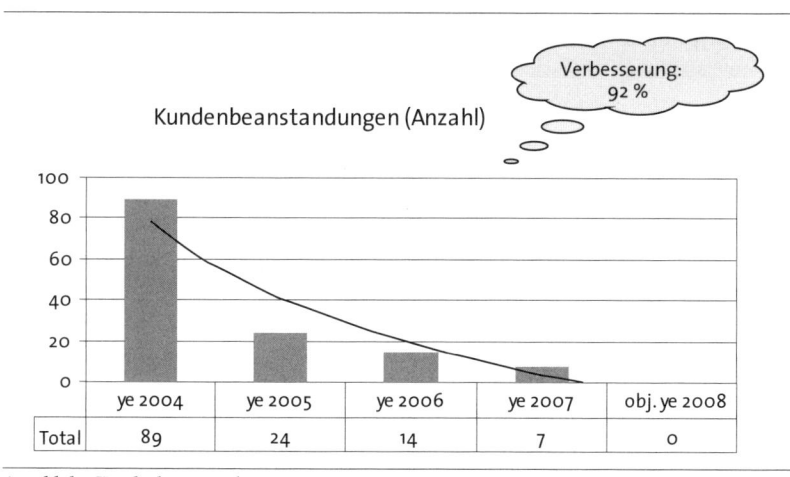

Kundenbeanstandungen (Anzahl)

Verbesserung: 92 %

| | ye 2004 | ye 2005 | ye 2006 | ye 2007 | obj. ye 2008 |
|---|---|---|---|---|---|
| Total | 89 | 24 | 14 | 7 | 0 |

*Anzahl der Kundenbeanstandungen*

Customer ppm — Verbesserung: 99 %

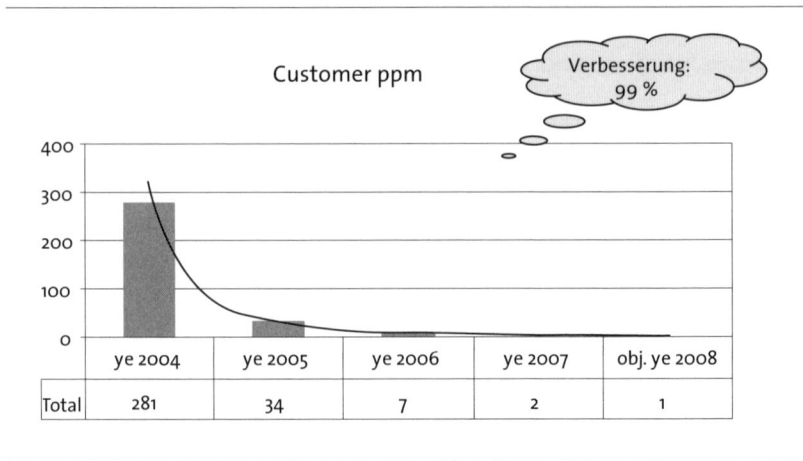

| | ye 2004 | ye 2005 | ye 2006 | ye 2007 | obj. ye 2008 |
|---|---|---|---|---|---|
| Total | 281 | 34 | 7 | 2 | 1 |

*Von Kunden bemängelte Schlechtteile*

Schlechtteile auf eine Million gefertigter Teile). Das Gesamtjahr 2007 schlossen wir mit 2 ppm ab, wie in obenstehender Grafik erkennbar ist.

Insgesamt verringerten wir die Kundenbeanstandungen um 92 Prozent; die von den Kunden bemängelten Schlechtteile (ppm) konnten wir sogar um 99 Prozent reduzieren.

Die Verbesserung erreichten wir durch verschiedene Maßnahmen:

1. Wir setzten den 5S-Prozess (siehe Seite 62ff.) konsequent um. Das basierte auch auf der absoluten Ordnung und Sauberkeit, die durch das Bewusstsein für Arbeitssicherheit, wie vorher erläutert, bereits gegeben ist.

2. Wir konsolidierten alle Aktivitäten in einem Qualitätszentrum.

3. Täglich treffen sich morgens zwischen 9 und 9.30 Uhr alle Abteilungsleiter, um alle externen und internen Qualitätsprobleme zu besprechen, sie auf großen Tafeln zu verfolgen und entsprechende Maßnahmen zur Problembehebung einzuleiten.

4. Alle nicht spezifikationsgerechten Teile, die in den vergangenen 24 Stunden angefallen sind, werden auf einer rot markierten Fläche gesammelt, damit die Führungsmannschaft sie sichten und über ihre Weiterbehandlung beschließen kann. Dabei muss sie auch hinterfragen, ob das Problem erkannt und beim nächsten Produktionslauf verbessert wurde.

Die angefallenen Teile sind entweder zu verschrotten oder nachzuarbeiten oder, sofern die Abweichung nur geringfügig ist und die Funktion nicht beeinflusst, unter Zustimmung des Kunden zu verwenden.

5. Probleme werden strukturiert gelöst, beispielsweise, indem der 8D-Prozess (siehe unten) angewandt wird sowie alle direkten und indirekten Mitarbeiter bis zur Problemeliminierung eingebunden werden. Ein Problem ist dann beseitigt, wenn es simuliert werden kann, was allerdings nicht immer möglich ist. Streben Sie dennoch die Simulation als Idealfall an. Lernen aus den Fehlern darf nicht nur ein Schlagwort sein, sondern sollte umgesetzt werden. Setzen Sie sich mit den relevanten Mitarbeitern zusammen, betreiben Sie Brainstorming (Ideenfindung in der Gruppe), bis Sie sicher sind, die Fehlerwiederholung ausgeschlossen oder zumindest höchstwahrscheinlich ausgeschlossen zu haben.

6. In Verbindung mit dem strukturierten Problemlösen wurden statistische Methoden (SPC, Lean 6-Sigma) eingeführt sowie entsprechend visualisiert. Lassen Sie sich nicht von Theorien irreleiten; die Erfahrung hat gezeigt, dass mehr als 95 Prozent aller Probleme durch statistische Prozesskontrolle und strukturiertes Problemlösen in Verbindung mit logischem Denken bewältigt werden.

**Der 8D-Prozess besteht aus acht Disziplinen zur Problemlösung:**

1 Interdisziplinäre Teams bilden

2 Problem beschreiben

3 Maßnahmen einführen und vergleichen

4 Ursachen ermitteln

5 Problem durch verbesserte, dauerhafte Maßnahmen beseitigen

6 Endgültige, dauerhafte Maßnahmen wählen und einführen

7 Verhindern, dass das Problem erneut auftritt

8 Team beglückwünschen

# 8 D - Report

| | | FB QM 043 | Seite 1 von 2 |
|---|---|---|---|
| Berichts -Nr. | | Stand: C | Datum: 04.10.07 |

| Fehlerkategorie | | | | | | |
|---|---|---|---|---|---|---|
| Kundenteile -Nr. | | Teilebezeichnung | | Art. Nr.: | | Rekla.- datum: |

| Liefermenge: | Satz, davon sind | Satz i.O. und | Satz n.i.O. |
|---|---|---|---|
| Transit: | Satz | | |
| Lagerbestand | Satz, davon sind | Satz i.O. und | Satz n.i.O. |

**Beanstandungsgrund**

**1. Zusammensetzung des Teams** | **Teamleitung**

**2. Problembeschreibung**

**3. Sofortmassnahme (n)** | **% Auswirkung %** | **Einsatzdatum**

**4. Fehlerursache**

**5. Geplante Abstellmaßnahme (n)** | **Verwirklichung Datum / Name**

**6. Einführung der Abstellmaßnahme (n)** | **Ergebniskontrolle** | **Einsatztermin**

**7. Maßnahmen, die ein Wiederauftreten des Problems verhindern** | **verantwortlich** | **Einführ. Termin**

| Implementation i | Prozess FMEA | Datum Einführung | |
| | Kontrollplan | Datum Einführung | |
| | Prüfplan | Datum Einführung | |
| Wirksamkeit nachgewiesen | Produktaudit Versandaudit | Datum Einführung | |

**8. Teamerfolg würdigen** | **Abschlussdatum** | **Ersteller**

**Abgeschlossen:**

**Datum:** | **Unterschrift:**

*8D-Formular*

▶ **Abweichung unerwartet**

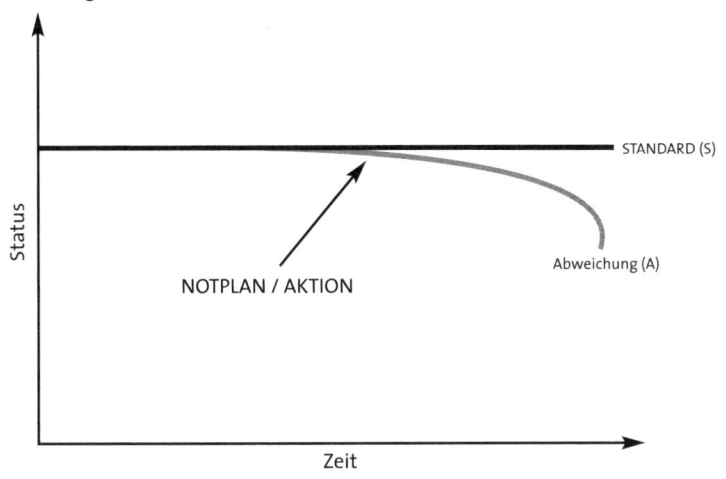

STANDARD (S)

Status

NOTPLAN / AKTION

Abweichung (A)

Zeit

– Abweichung zum Standard ergibt Einstufung der Situation
– Situationsstatus bestimmt Aktionsplan
– Anwendung des Problemanalyseprozess

*Strukturierte Problemlösung*

**Problemlösungsmodell**

▶ Erfasse/Verstehe das Problem/Situation
  – Kläre das Problem
  – Definiere das Problem detailliert

▶ Installiere temporäre Maßnahme
  – Prüfe die Maßnahme

▶ Analysiere die tatsächliche Ursache
  – Frage 5 mal warum?????

▶ Installiere die endgültige Maßnahme
  – Überprüfe die endgültige Maßnahme
  – Kaskadiere die Maßnahme als Best Practice
  – Würdige das Team

*Problemlösungsmodell a)*

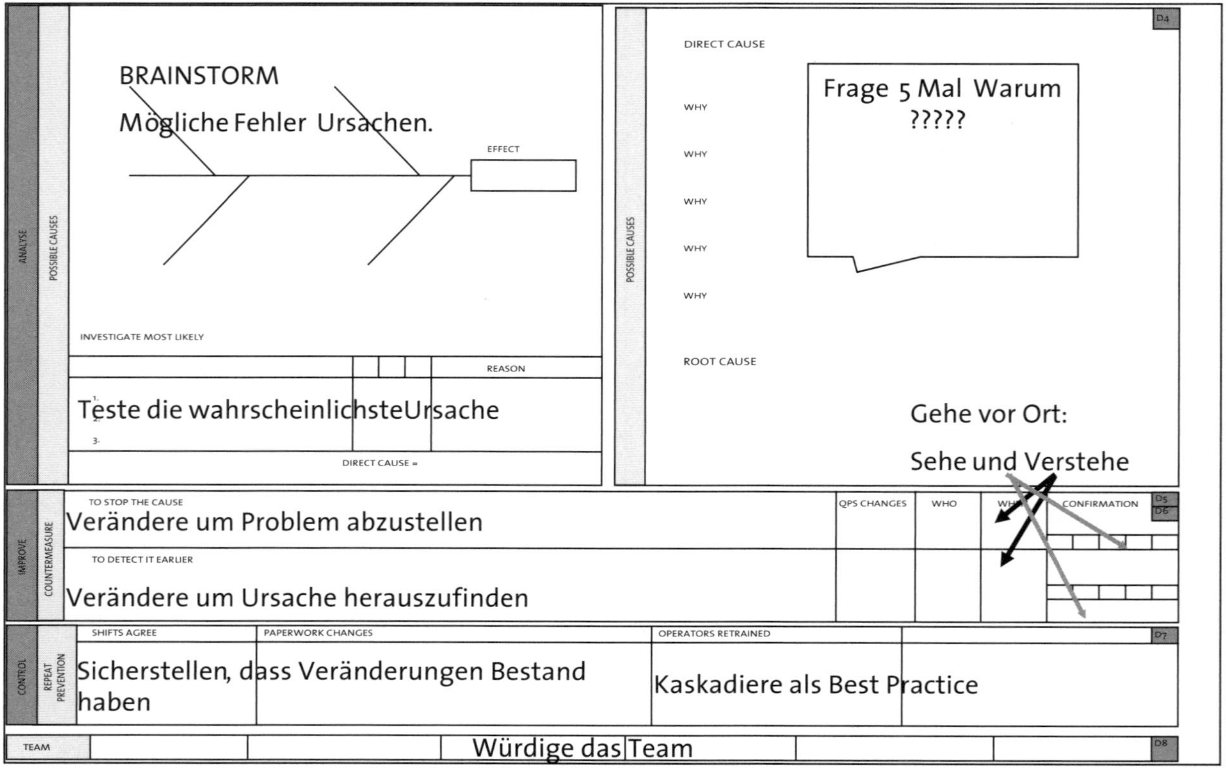

*Problemlösungsmodell b)*

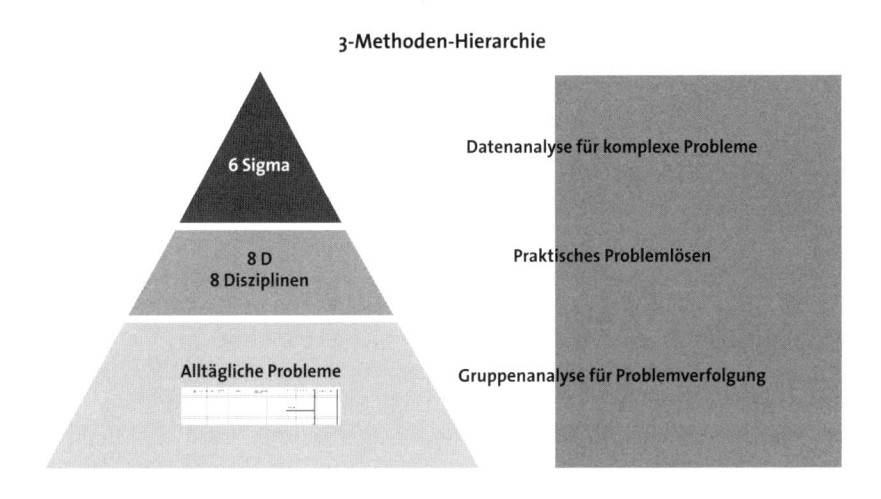

### 3-Methoden-Hierarchie

- **6 Sigma** — Datenanalyse für komplexe Probleme
- **8 D / 8 Disziplinen** — Praktisches Problemlösen
- **Alltägliche Probleme** — Gruppenanalyse für Problemverfolgung

*Produzieren mit Methode*

Verfallen Sie nicht dem „6-Sigma-Wahn", statistische Methoden um jeden Preis anzuwenden, was sich höchstens Großunternehmen leisten können, bei denen der Aufwand für den Effekt oft schöngeredet wird. Wenden Sie diesen Prozess nur dann an, wenn Sie persönlich davon überzeugt sind.

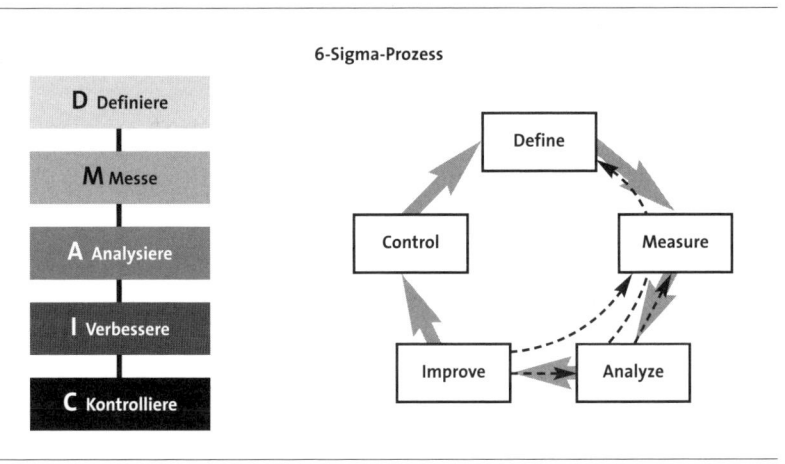

### 6-Sigma-Prozess

- **D** Definiere
- **M** Messe
- **A** Analysiere
- **I** Verbessere
- **C** Kontrolliere

Define → Measure → Analyze → Improve → Control

*Strukturierte Problemlösung/6-Sigma-Prozess*

7. Regelmäßige Kundenbesuche dienen dazu, alle Unregelmäßigkeiten, auch im Fall von Nicht-Beanstandung, zur Kenntnis zu nehmen und die Kundenzufriedenheit zu ermitteln. Indem das Kunden-Know-how genutzt wird, sind kontinuierlich Verbesserungen möglich.

8. Täglich finden Produkt-, Prozess- und Systemaudits statt, um für kontinuierliche Verbesserung, auch bei Ihren Zulieferern, zu sorgen.

9. Im Fall von Abweichungen von der Produktqualität werden konsequent Maschinenstillstände (Poka Yoke) eingeführt, vorausgesetzt, dies ist möglich.

10. An Prüftischen, die an jeder Maschine mit Lehren, Messmitteln und Prüfanweisungen für jedes Teil eingerichtet werden, kann die Qualität permanent überwacht werden.

11. Die Verbesserung wird an das Entgeltsystem gekoppelt. Wird ein neuer Rekord aufgestellt, was den Abstand zwischen zwei Kundenbeanstandungen betrifft – bei uns liegt der Rekord derzeit bei 102 Tagen – wird das gesamte Firmenpersonal mit einem Frühstück belohnt. Auch bei diesem Event hat die Werkleitung die Möglichkeit, die Mitarbeiter für das Erreichte zu loben und ihnen somit weiteren Ansporn zu geben.

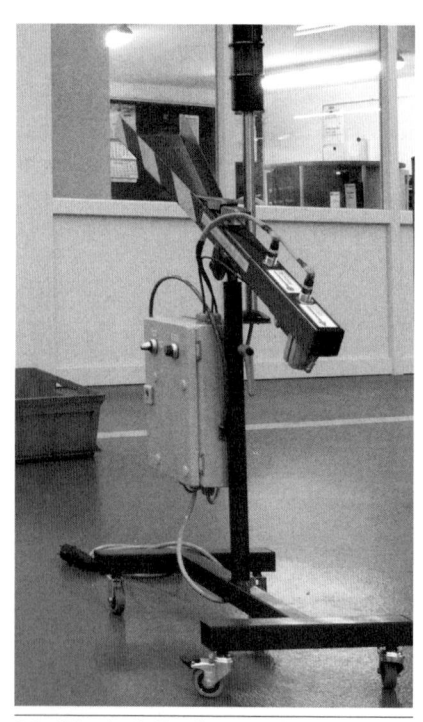

*Poka Yoke: durch Shopfloor-Team konzipiert und gefertigt. Veranlasst Maschinenstillstand bei einem fehlenden oder falschen Bauteil.*

*Essentials:*
- *Auf absolute Ordnung und Sauberkeit achten*
- *Qualitätszentrum einrichten*
- *Qualitätsprobleme besprechen und Probleme strukturiert lösen*
- *Tägliche Begutachtung des Ausschusses*
- *Statistische Methoden auswerten*
- *Regelmäßig Kunden besuchen*

- *Kontinuierlich Prozesse verbessern*
- *Maschinen bei Abweichungen stillstehen lassen (Poka Yoke)*
- *Prüfpläne anbringen*
- *Verbesserungen standardisieren, visualisieren, kommunizieren, implementieren*
- *Anreize schaffen*
- *Loben und motivieren*

## c  Kennzahl: Wertstrom

Wertschöpfung bedeutet, in kürzester Zeit Rohmaterial in ein Fertigprodukt umzuwandeln. Keine Wertschöpfung erfolgt bei Aktivitäten, die Zeit, Mittel oder Platz beanspruchen, aber den Wert des Produktes nicht steigern.

Der Wertstrom wird in OEE (overall equipment effectiveness, Gesamtanlageneffektivität) gemessen, das heißt, die Faktoren Verfügbarkeit, Leistung und Qualität (jeweils in Prozent) werden multipliziert.

Wir konnten im Rahmen unserer Veränderung unsere Wertschöpfung um 20 Prozent steigern.

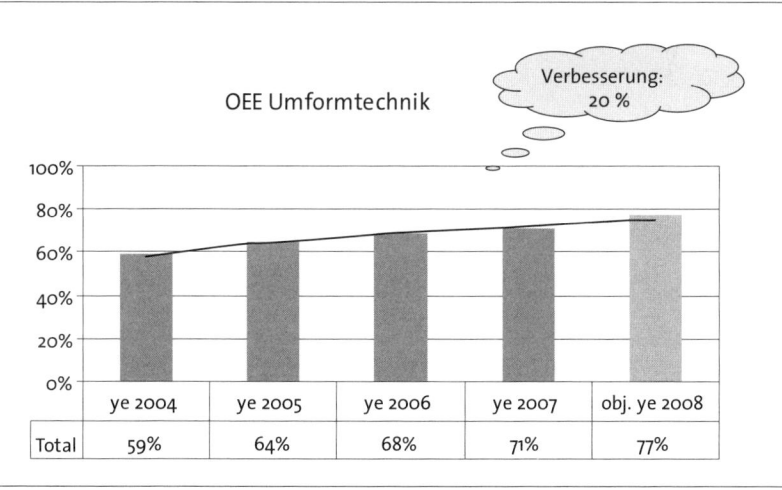

OEE Umformtechnik — Verbesserung: 20 %

| | ye 2004 | ye 2005 | ye 2006 | ye 2007 | obj. ye 2008 |
|---|---|---|---|---|---|
| Total | 59% | 64% | 68% | 71% | 77% |

*OEE Umformtechnik*

Die Verbesserung des Wertstroms erreichten wir durch folgende Maßnahmen:

1. Um die Qualität zu verbessern, was mit absoluter Ordnung und Sauberkeit verbunden ist, müssen Prozesse zur Verfügbarkeit der Maschinen detailliert bewertet und entsprechende Maßnahmen implementiert werden. Allein daraus resultiert ein gewisser Automatismus, so dass Maschinen und Werkzeuge häufiger verfügbar sind.

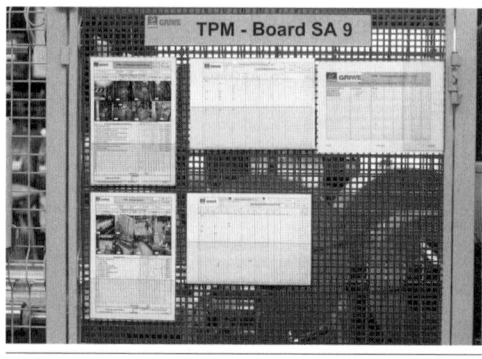

2. Die sogenannte vorbeugende Instandhaltung, TPM (total productive maintenance), wird eingeführt. Diese Aktivität ist vorbeugend wirksam und somit auch als vorbeugende Instandhaltung anzusehen. Sie besteht aus sieben Stufen, die nach Möglichkeit zum großen Teil ein Produktionsmitarbeiter durchführen sollte.

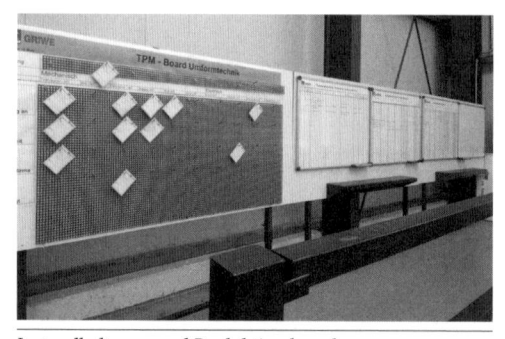

*Maschinen TPM-Board*

3. An den Maschinen oder in ihrer Nähe werden Produktions-Kontrollblätter oder -tafeln angebracht. Auf diesen notieren die Produktionsmitarbeiter stündlich die Stückzahlen, damit diese mit den Planzahlen verglichen werden können, und definieren die Stillstände an jeder Maschine.

*Instandhaltungs- und Produktionsboards*

4. Für einzelne Maschinen sowie für größere Produktionsteilbereiche werden Andons, Symbole, installiert. Diese sind in allen produktionsnahen Bereichen gut sichtbar für alle Führungsebenen angebracht.

*Mehrmaschinen-Einzelmaschinen-Andon*

5. Im Rahmen einer sogenannten Zukunftswerkstatt werden Kaizen-Aktivitäten eingeführt. Die Zukunftswerkstatt ermöglicht den Mitarbeitern – gemäß meiner Philosophie „drei Leute sind ein Genie" – Gedanken auszutauschen und jeweils die Ideen des anderen zu nutzen und weiterzuentwickeln. Basierend darauf ergibt sich aus jeder Idee jeweils eine weitere Verbesserung, bis zur Genialität. Diesen Prozess nutzen wir auch, um Probleme zu lösen und Maßnahmen aller Art zu finden. Die beschriebene Methode wurde bereits erwähnt und heißt Brainstorming.

Drei Leute sind ein Genie.

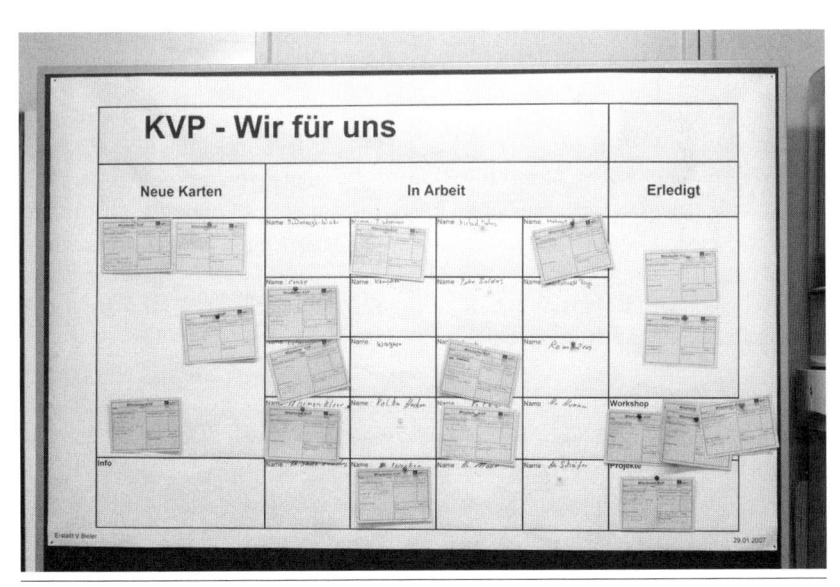

*Kaizen-/KVP-Board*

Werkzeugwechsel — Verbesserung: 45 %

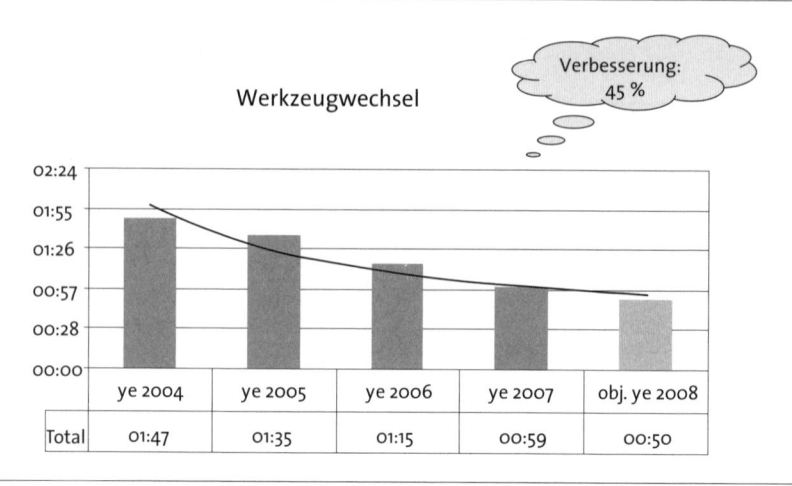

| | ye 2004 | ye 2005 | ye 2006 | ye 2007 | obj. ye 2008 |
|---|---|---|---|---|---|
| Total | 01:47 | 01:35 | 01:15 | 00:59 | 00:50 |

*Werkzeugwechsel in Stunden/Minuten*

6. Auf einfachen, farblich abgesetzten Karten werden Wertströme analysiert. Die Karten visualisieren Bestände, Wartezeiten, Werkzeugwechsel- und Qualitätskontrollzeiten.

7. Stündlich werden Zahlen, Daten und Fakten, die auch unser betriebliches Datenerfassungssystem liefert, verfolgt und ausgewertet. Das dient zur Einleitung entsprechender Maßnahmen.

8. Die Werkzeugwechselzeiten sowie Zeiten für Bereitstellung von Rohmaterial und Behältern konnten wir um 45 Prozent reduzieren. Das erreichten wir durch standardisierte Prozesse sowie permanentes Training. Dabei bedienten wir uns unter anderem Erfahrungen aus der Formel 1.

9. Verbesserungen werden an das Entgeltsystem gekoppelt und Rekorde durch die Werkleitung gewürdigt.

10. Resultierend aus den oben genannten Maßnahmen, konnte der Bestand um 21 Prozent reduziert werden, ohne dass von Push auf Pull umgestellt werden musste.

Bestandsentwicklung (in Mio. Euro)

*Verbesserung: 21 %*

| | ye 2005 | ye 2006 | ye 2007 | obj. ye 2008 |
|---|---|---|---|---|
| Total | 2,3 | 2,0 | 1,8 | 1,6 |

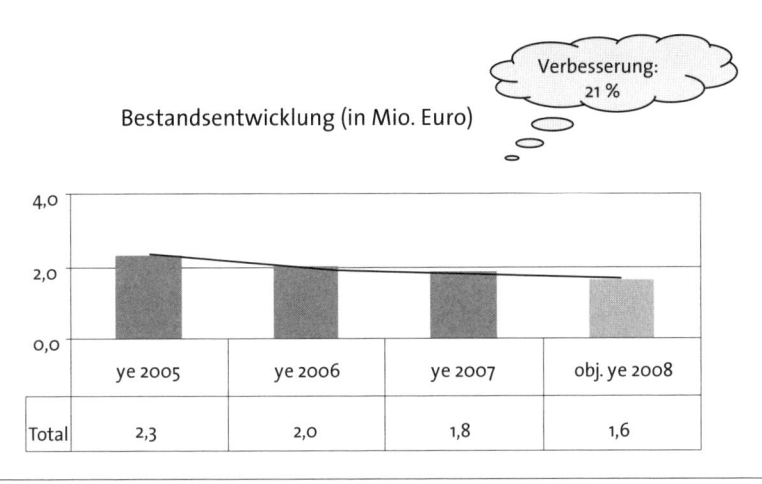

*Bestandsentwicklung*

Nachdem unser Unternehmen im Jahr 2003 insgesamt 1 Million Euro in Sondertransporte (per Hubschrauber, Taxi, Eiltransporter etc.) investieren musste, sicherten wir seit 2004 zunächst einmal Prozessstabilität und Materialreichweite zum Kunden. Sondertransporte sind seit diesem Zeitpunkt bei uns ein Fremdwort. Zur Jahresmitte 2007 begannen wir damit, kontrolliert unsere damals teilweise überlaufenden Bestände zu reduzieren. Dies geschieht in einer relativ einfachen Art und Weise, wie Sie in Kapitel III, 11 lesen können.

**Synchroner Materialfluss**

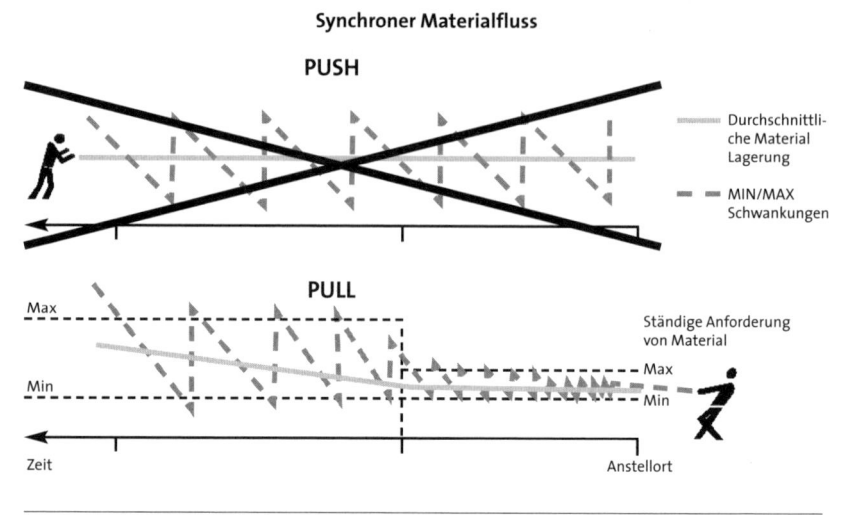

**PUSH**

─── Durchschnittliche Material Lagerung

- - - MIN/MAX Schwankungen

**PULL**

Ständige Anforderung von Material

*Umsetzungsprozess Push/Pull*

Da durch Lagerbestände viel Kapital gebunden wird, kann Ihr Ansatz zur kontinuierlichen Verbesserung auch bei der Bestandsreduzierung beginnen. Das setzt allerdings voraus, dass die Reichweite zum Kunden nie gefährdet ist. Bei unserem in der Krise befindlichen Unternehmen war allerdings genau das der Fall. Die Kundenreichweite konnten wir nicht gewährleisten, so dass wir einen anderen Ansatz wählen mussten.

Konkret gesagt: Unsere Produktion umfasst insgesamt rund 400 Artikel, davon sind 100 – die Hauptumsatzträger – nur auf wenigen Maschinen herstellbar. Das ist eine logistische Herausforderung, die wir zurzeit in den Griff bekommen wollen.

- ▶ Maximale Lagerungszeit definieren
- ▶ Richtige Umschlagsmenge definieren (Min / Max)
- ▶ Hohe Anlieferungsfrequenz

- ▶ 100 % der Teile auf Bedarf
- ▶ Standardisieren von Materialwirtschafts-Funktionen
- ▶ Festgelegte Zeiten für Materialwirtschaft
- ▶ Reduzieren des Gabelstaplerverkehrs

*Aufgabenstellung für den Umsetzungsprozess*

*Essentials:*
- *Ordnung und Sauberkeit*
- *Maschinenverfügbarkeit messen und visualisieren*
- *Maschinen vorbeugend instand halten*
- *Produktionskontrollblätter und Andons anbringen*
- *Kaizen/KVP im Rahmen einer Zukunftswerkstatt*
- *Wechselzeiten reduzieren*
- *Bestände messen und reduzieren*
- *Verbesserungen standardisieren, visualisieren, kommunizieren, implementieren*
- *Anreize schaffen*
- *Würdigen und loben*

d Kennzahl: Moral ☺

Im Rahmen unserer Kennzahl „Moral" messen wir neben der krankheitsbedingten Abwesenheit und der Anzahl der eingebrachten Verbesserungs- und Kaizen-Vorschläge vor allem auch die Schulungsaktivitäten. Seit Beginn unseres Veränderungsprozesses konnten wir die Anzahl der Schulungsstunden um 62 Prozent erhöhen.

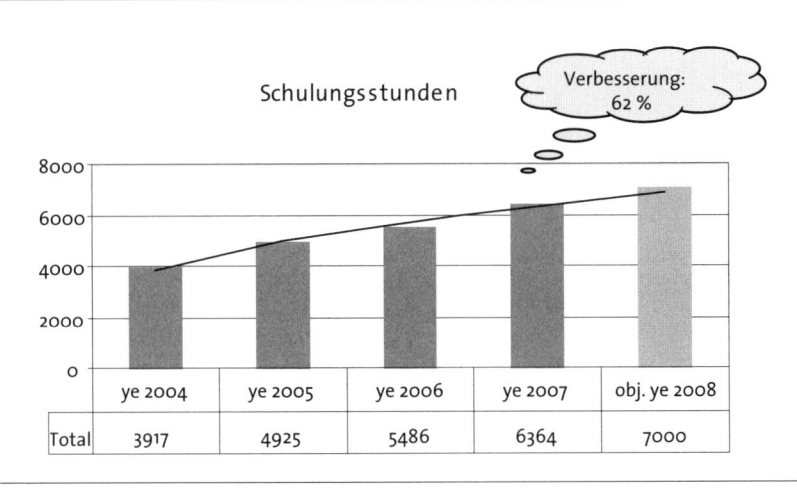

Schulungsstunden — Verbesserung: 62 %

| | ye 2004 | ye 2005 | ye 2006 | ye 2007 | obj. ye 2008 |
|---|---|---|---|---|---|
| Total | 3917 | 4925 | 5486 | 6364 | 7000 |

*Anzahl der Schulungsstunden*

Um die wesentlichen Kennzahlen kontinuierlich zu verbessern, muss es selbstverständlich ein extensives Schulungsprogramm geben. Wir messen das in der Anzahl der Schulungsstunden pro Mitarbeiter. Die Schulung beinhaltet zunächst einmal eine Bewusstseinsveränderung, die ich in Kapitel II, 2 bereits erwähnt habe, sowie das Verstehen der „schlanken Werkzeuge". Gerade für die Teilnahme an diesen sogenannten Lean-Schulungen überreicht die Werkleitung firmeninterne Zertifikate, die in den meisten Fällen die Mitarbeiter zusätzlich motivieren. Dass sowohl technische und administrative Trainings erforderlich sind, aber auch Sprachen zu schulen sind, ist selbstverständlich.

Aber auch Besuche von Messen, Fachveranstaltungen und Betrieben – der Wettbewerber sowie artfremder – ist für unser Personal eine Selbstverständlichkeit und mittlerweile unverzichtbar. All diese Aktionen werden bei uns ebenfalls gemessen. Alles, was wir dabei entdecken, wird bei uns auf sogenannten PCARs (problem and corrective action reports = Problemlösungsberichten) verfolgt. Unser Ziel ist, dass jeder Mitarbeiter (aus der gesamten Belegschaft) von jeder Schulungs- bzw. Trainingsmaßnahme mindestens zwei umsetzbare Ideen mitbringt. Der kontinuierliche Verbesserungsprozess (KVP) bzw. der Kaizen-Prozess entspringt der sogenannten Zukunftswerkstatt und hat bei uns dazu geführt, dass wir im ersten Jahr mehr als 200.000 Euro einsparen konnten.

*Musterformular Problemlösungsbericht*

*Essentials:*
- *Trainieren, schulen, coachen*
- *Messen, Fachveranstaltungen, Wettbewerber und artfremde Betriebe besuchen*
- *Ideen sammeln, verfolgen, standardisieren, visualisieren, kommunizieren, implementieren*
- *Motivieren, u.a. durch Zertifikate*

Die ungeplante Abwesenheit sank in unserem Betrieb seit Einführung des intelligenten Produktionssystems um 44 Prozent.

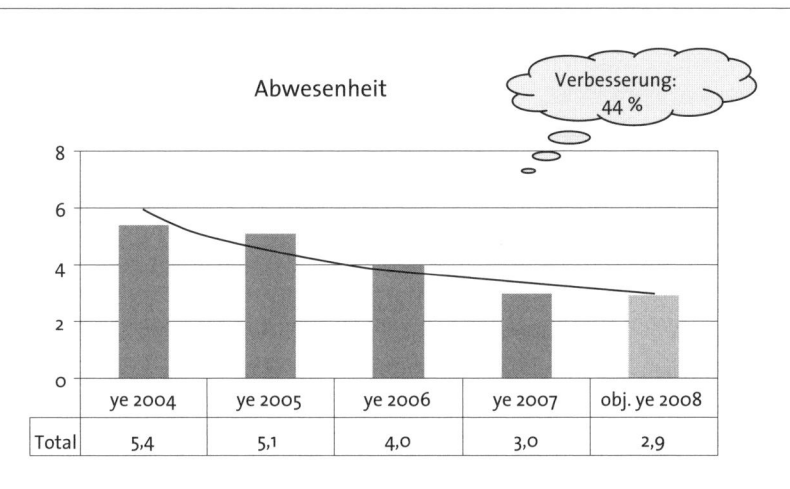

| | ye 2004 | ye 2005 | ye 2006 | ye 2007 | obj. ye 2008 |
|---|---|---|---|---|---|
| Total | 5,4 | 5,1 | 4,0 | 3,0 | 2,9 |

Fehlzeiten in Prozent

Alle genannten Verbesserungsmaßnahmen erfordern die Einbindung jedes einzelnen Mitarbeiters in unsere Fabrik. Denn, wer interne Prozesse optimieren möchte, ist auf die Unterstützung der Mitarbeiter angewiesen. Somit haben Fordern und Fördern der Mitarbeiter höchste Priorität.

Durch
- das Arbeiten in Teamstrukturen,
- die Visualisierung unserer Kennzahlen und Zielsetzungen,
- die Koppelung an das Entgeltsystem,
- offene Kommunikation (mehrere Informationsveranstaltungen für Mitarbeiter pro Jahr, Firmenzeitschrift),
- Teambesprechungen und Krankenrückkehrgespräche,
- das Pflegen der Sozialräume,

- Schulungen,
- das Feiern von Festen (Sommerfest, Weihnachtsfeier, Jubiläen) sowie
- das Sponsoring von Vereinen unserer Mitarbeiter und sozialen Einrichtungen

haben wir ein Maßnahmenpaket geschnürt, das die krankheitsbedingte Abwesenheit in unserem Unternehmen auf ein unterdurchschnittliches Niveau gebracht hat.

**Shopfloor-Management:
Was zählt, ist auf dem Platz.**

Nicht zu vergessen ist aber auch mein persönlicher und direkter Kontakt zu den Mitarbeitern in unserer Fabrik. Ich kenne alle Mitarbeiter persönlich, da meine täglichen Betriebsrundgänge, wann immer möglich, mir die Gelegenheit bieten, zu Geburtstagen oder anderen für Mitarbeiter wichtigen persönlichen Ereignissen zu gratulieren oder Mut zu machen. Das ist ein nicht zu unterschätzender Effekt, da ich dabei die betrieblichen Probleme aller Art persönlich und „hautnah" erfahre. Meine Mitarbeiter wissen dies und kämen somit niemals auf die Idee, Probleme zu beschönigen, klein zu reden oder gar zu verheimlichen.

*Weihnachtsfeier*

***Essentials:***
- *Ordnung und Sauberkeit*
- *Pflege der Sozialräume*
- *Alle Mitarbeiter ständig einbinden*
- *Teamstrukturen schaffen*
- *Alle Aktivitäten und alles Erreichte zur Zielsetzung visualisieren*
- *Durch Koppelung an Entgeltsystem motivieren*
- *Informationsveranstaltung für Mitarbeiter, um zu würdigen und zu loben*
- *Firmenzeitschrift etc.*
- *Trainieren, schulen und coachen*
- *Feste feiern*
- *Sponsoring betreiben*

## e Finanzkennzahlen und Mitarbeiterentwicklung

Auf Finanzkennzahlen im Betrieb haben wir von Anfang an bis auf ein Minimum verzichtet. Auch unsere Scorecard berücksichtigt diese kaum. Unsere klare Feststellung, visualisiert in folgendem Chart, ist selbstredend.

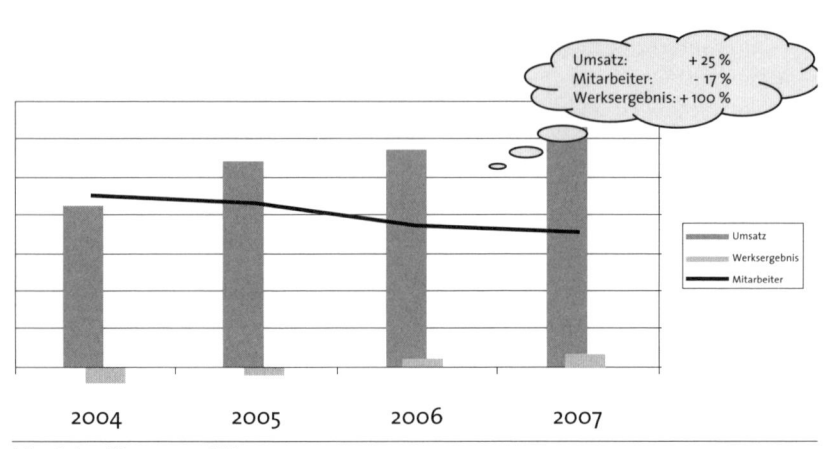

*Mitarbeiter-/Umsatzentwicklung*

An dieser Stelle möchte ich darauf hinweisen, dass die Reduzierung der Mitarbeiter fast ausschließlich auf Fluktuation zurückzuführen ist. Nur eine Handvoll Mitarbeiter, in erster Linie Führungskräfte der zwei obersten Ebenen, verließen unser Unternehmen in gegenseitigem Einvernehmen, da sie der Geschwindigkeit der Veränderung nicht gewachsen waren. Auch hierbei folgten wir einem Standard:

1. Wir führten mit dem betroffenen Mitarbeiter ein Gespräch, indem wir klare Ziele festlegten und Hilfsangebote unterbreiteten.

2. Zu dem Hilfsangebot (z.B. Schulung) erstellten wir eine Gesprächsnotiz.

3. Sofern der Mitarbeiter die Ziele nicht in der vereinbarten Zeit erreichte, mahnten wir ihn ab und unterbreiteten erneut ein Hilfsangebot.

4. Führte auch dies nicht zum Ziel, lösten wir das Arbeitsverhältnis auf oder stuften den Mitarbeiter zurück.

Unsere Gewinn-und-Verlust-Rechnung zeigt uns monatlich exakt für jede Kostenart, wo wir stehen und ob wir uns entsprechend unserer Planung entwickelt haben. Es gibt keine einzige rote Zahl, denn „das Budget ist heilig". Das setzt natürlich voraus, dass auch hier gilt: „Ohne Fleiß kein Preis". Natürlich kontrollieren wir unsere Finanzkennzahlen täglich und besprechen diese wöchentlich, um im Bedarfsfall rechtzeitig einschreiten zu können. Darüber hinaus werden gerade in dieser wöchentlichen Besprechung Ideen ausgetauscht und Verbesserungsmaßnahmen beispielsweise zu Energie- oder Betriebsmitteleinsparungen initiiert. Die Notwendigkeit jeder Anschaffung, egal welcher Art, ist zu erläutern; jede Anschaffung muss von mir persönlich genehmigt werden.

**Das Budget ist heilig.**

# III

## Von der Theorie zur Praxis: Implementierungsanleitung

Nachdem Sie die Verbesserung der Kennzahlen, die Maßnahmen, die diese Verbesserung bewirken, und das Gesamtwerksergebnis kennen gelernt haben, komme ich zum Herzstück dieses Buches, der Implementierungsanleitung für die verschiedenen Aktivitäten. Diese veranschauliche ich Ihnen auf dem Zeitstrahl.

Ob Sie bei der Einführung Ihres intelligenten Produktionssystems exakt in der hier beschriebenen Reihenfolge vorgehen, liegt unter anderem an Ihren Produkten, Mitarbeitern, Maschinen, Methoden und Umweltgegebenheiten. In unserem Unternehmen hat gerade die Reihenfolge, in der wir die Lean Tools implementiert haben, zum Durchbruch geführt. Schließlich waren die Lean Tools an sich zuvor bekannt, wir mussten ihnen aber die richtige Struktur geben.

Sicher ist nur die folgende logische Sequenz:

- Ordnung und Sauberkeit münden in Qualitätsverbesserung
- Qualitätsverbesserung mündet in Effizienzsteigerung
- Effizienzsteigerung mündet in Bestandsreduzierung
- Bestandsreduzierung mündet in Kostenminimierung
- Kostenminimierung mündet in
  - ▸ Wettbewerbfähigkeit im globalen Umfeld
  - ▸ sicheren Arbeitsplätzen auch in Hochlohnländern sowie
  - ▸ der Chance, neue Kunden gewinnen zu können

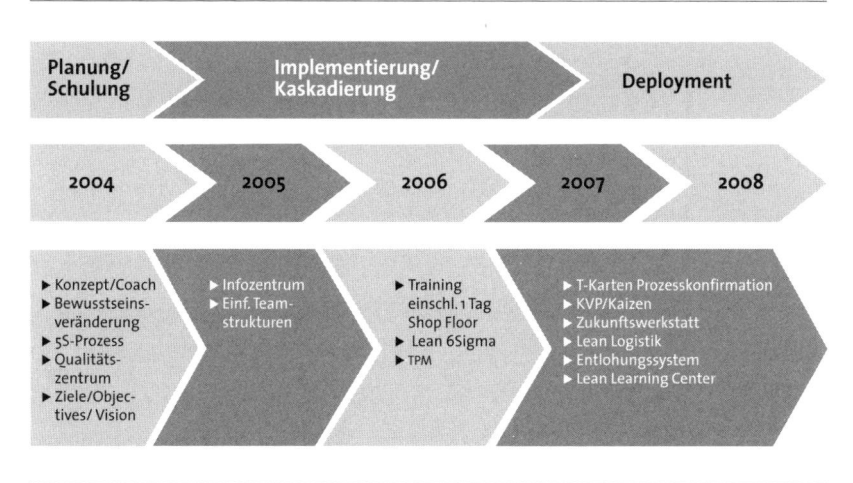

| Planung/ Schulung | Implementierung/ Kaskadierung | | Deployment | |
|---|---|---|---|---|
| 2004 | 2005 | 2006 | 2007 | 2008 |
| ▸ Konzept/Coach<br>▸ Bewusstseinsveränderung<br>▸ 5S-Prozess<br>▸ Qualitätszentrum<br>▸ Ziele/Objectives/Vision | ▸ Infozentrum<br>▸ Einf. Teamstrukturen | ▸ Training einschl. 1 Tag Shop Floor<br>▸ Lean 6Sigma<br>▸ TPM | ▸ T-Karten Prozesskonfirmation<br>▸ KVP/Kaizen<br>▸ Zukunftswerkstatt<br>▸ Lean Logistik<br>▸ Entlohnungssystem<br>▸ Lean Learning Center | |

*Zeitstrahl*

Der Zeitstrahl sollte Ihnen als grobe Anleitung dienen, Ihr intelligentes Produktionssystem zu installieren. Das setzt voraus, dass Sie selbst, sei es als Vorstand, Werkleiter, Geschäftsführer o.Ä. von Ihrer Idee überzeugt, geschult und „infiziert" sind.

Die erste Entscheidung, die Sie auf Ihrem Weg treffen müssen, ist, einen Spezialisten auszusuchen und zu Ihrem Lean-Agenten zu ernennen. Dieser hat die Aufgabe, für Sie die Umsetzung der Verbesserungen im Tagesgeschäft zu leiten. Wie ich bereits erwähnt habe, muss es sich um Ihren besten Mitarbeiter mit entsprechender Fach-, Führungs- und Sozialkompetenz handeln, der zugleich in Ihrer gesamten Organisation einschließlich des Betriebsrates akzeptiert wird. Dieser Lean-Agent – Sie können ihn im Übrigen nennen, wie Sie möchten – muss umfangreiche Schulungen besuchen, um mit Herzblut und mit Ihnen im Rücken die Veränderung voranzutreiben.

Von jetzt an herrscht „militärische" Disziplin in Ihrem Unternehmen, denn ohne Regeln lässt sich die Veränderung nicht implementieren. Ihr Arbeitstag wird sich von nun an zunächst einmal um mindestens fünf Stunden verlängern, sollten Sie nicht in der Lage sein, durch verbessertes Zeitmanagement an anderer Stelle Zeit zu gewinnen.

Informieren Sie zunächst den Betriebsrat und dann die gesamte Belegschaft über Ihr Vorhaben. Ab dann haben Sie sich selbst unter Zugzwang gestellt. Es gibt kein Zurück mehr!

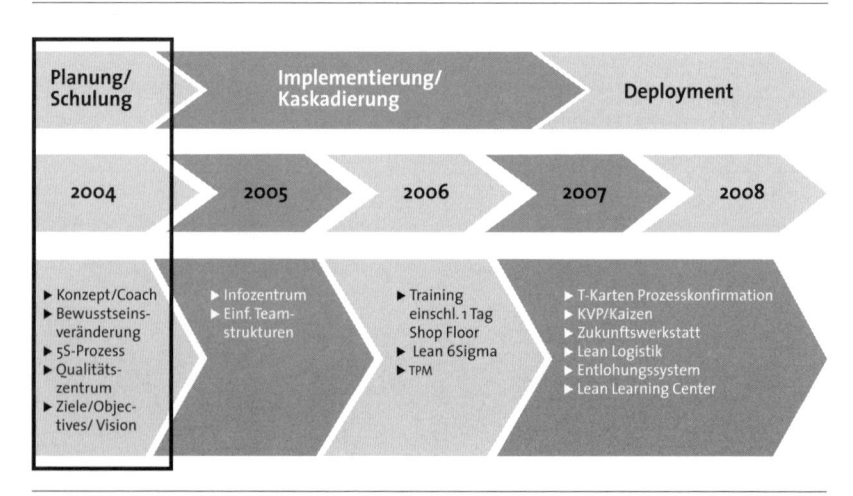

| Planung/Schulung | Implementierung/Kaskadierung | | Deployment | |
|---|---|---|---|---|
| 2004 | 2005 | 2006 | 2007 | 2008 |
| ▶ Konzept/Coach<br>▶ Bewusstseinsveränderung<br>▶ 5S-Prozess<br>▶ Qualitätszentrum<br>▶ Ziele/Objectives/Vision | ▶ Infozentrum<br>▶ Einf. Teamstrukturen | ▶ Training einschl. 1 Tag Shop Floor<br>▶ Lean 6Sigma<br>▶ TPM | ▶ T-Karten Prozesskonfirmation<br>▶ KVP/Kaizen<br>▶ Zukunftswerkstatt<br>▶ Lean Logistik<br>▶ Entlohnungssystem<br>▶ Lean Learning Center | |

*Einführungsfahrplan*

# 1 Konzepterstellung (Juli 2004)

Erstellen Sie mit Ihrem Lean-Agenten einen Aktionsplan, der auf dieser Implementierungsanleitung basiert und festlegt, wer von Ihnen beiden welche Maßnahme bis zu welchem Termin zu erledigen hat. Bedenken Sie dabei, dass nicht nur der Aktionsplan ein entscheidendes Kriterium für Ihren Erfolg ist. Auch Vertrauen, Vision, Fähigkeiten, Anreize und Ressourcen sind unverzichtbare Grundlagen dafür. Fehlt eines dieser Attribute oder ist Ihr Zusammenwirken gestört, ist das Veränderungsprojekt von vorneherein zum Scheitern verurteilt.

| | | | | | | |
|---|---|---|---|---|---|---|
| | Zu erwartende Ergebnisse eines Projekt für Veränderung | | | | | |
| | Vision | Fähigkeit | Anreize | Resourcen | Aktions-Plan | = Lippen-Bekenntnis |
| Vertrauen | | Fähigkeit | Anreize | Resourcen | Aktions-Plan | = Konfusion |
| Vertrauen | Vision | | Anreize | Resourcen | Aktions-Plan | = Angst |
| Vertrauen | Vision | Fähigkeit | | Resourcen | Aktions-Plan | = Widerstand |
| Vertrauen | Vision | Fähigkeit | Anreize | | Aktions-Plan | = Frustration |
| Vertrauen | Vision | Fähigkeit | Anreize | Resourcen | | = Tretmühle |
| Vertrauen | Vision | Fähigkeit | Anreize | Resourcen | Aktions-Plan | = Veränderung |

*Bewusstseinsveränderung*

Überprüfen Sie täglich zu einem festgelegten Zeitpunkt, ob Ihre Zielvorgaben eingehalten werden.

## 2 Bewusstseinsveränderung planen (August 2004)

Schaffen Sie ein Symbol für die Veränderung, das sich Ihren Mitarbeitern in den zeitnah startenden Schulungen und Trainings für Bewusstseinsveränderung einprägt und die Prinzipien und Werkzeuge sowie die herausragende Rolle jedes Einzelnen hervorhebt.

Stellen Sie auf eindrucksvolle Weise heraus, dass Ihre Veränderung, symbolisiert durch Dom, Burg, Festung o.Ä., auf den Fundamenten Vision, Leitbild (Mission) und Leidenschaft basiert.

### Intelligentes Produktionssystem

| Prinzipien | Werkzeuge | Menschen |
|---|---|---|
| Prinzipien Visualisieren Kommunizieren | AQWKMU und 5S / Visuelles Management / Null-Fehler-Qualität, Poka Yoke | Ausbildung/Schulung/Training · Teamwork/Zielentfaltungsprozess/Kommunikation · KVP/Zukunftswerkstatt · Mitarbeiterflexibilität · Problemlösungskompetenz |
| Wertstrom | OEE-Optimierung, TPM / Einsatz von Low Cost Automation / (U)-Zelle, „Best-Point"-Prinzip | |
| Lean Logistic | Rüstoptimierung (SMED) / Pull-Prinzip, KANBAN-Steuerung / First in First out | |
| Vision (Vision) | Mission (Leitbild) | Passion (Leidenschaft) |

*Konzept für das intelligente Produktionssystem*

Stellen Sie klar, dass Sie nicht zu den Menschen gehören, die ausschließlich reden und auf Veränderungen warten. Vielmehr sind Ihre Ziele,

- Teil der Veränderung zu sein,
- Agent als Veränderungsverantwortlicher zu sein,
- Sponsor für Veränderung zu sein.

> Bedenken Sie immer: Verändere, oder du wirst verändert.

# 3 Trainieren (Oktober 2004 bis November 2007)

Nun ist es an der Zeit, alle Mitarbeiter im Angestelltenverhältnis zu trainieren und Ihre Bewusstseinsveränderung herbeizuführen. Starten Sie mit externer Unterstützung. Das heißt, Sie suchen sich einen ausgewählten Trainer, der Ihr volles Vertrauen genießt. Vorsicht: Hier gibt es mehr Masse als Klasse!

Schulen Sie Ihre gesamten Angestellten in den neuen schlanken Werkzeugen (Lean Tools), damit sie für das neue im Unternehmen herrschende Bewusstsein sensibel werden. Nutzen Sie diese Gelegenheit, um Ihren eigenen Lean-Agenten als Trainer für weitere Schulungen zu rekrutieren, so dass dieser nach ein bis zwei Trainingsrunden nach dem Train-the-Trainer-Prinzip sein Wissen kaskadenförmig an alle anderen Mitarbeiter weitergeben kann. Das spart erhebliche Kosten. Denn, sollte es sich in Ihrem Unternehmen um beispielsweise 50 Mitarbeiter im Angestelltenverhältnis handeln, könnte Ihr Agent schon zwei bis drei Kurse mit jeweils zehn bis zwölf Teilnehmern selbst durchführen. Die in die Schulung des Lean-Agenten investierten 2.000 bis 3.000 Euro wären somit schnell amortisiert.

Es empfiehlt sich für Sie als Vorstand, Geschäftsführer, Werkleiter etc., bei den Schulungen eine Eröffnungsansprache zu halten sowie ein Abschlussgespräch zu führen. In dem Abschlussgespräch können Sie unter anderem Vorschläge, aber auch Kritik zu Umsetzung und Maßnahmen entgegennehmen. Gleichzeitig können Sie dabei zusätzliche Motivationsanreize setzen. Bedenken Sie, dass zu dem Zeitpunkt, zu dem Ihre Mitarbeiter geschult werden, Ihr persönliches Lean-Training abgeschlossen sein sollte. Denn: „Du kannst nicht lehren, was du nicht weißt, und du kannst nicht anführen, wenn du nicht weißt, wohin".

> Du kannst nicht lehren, was du nicht weißt, und du kannst nicht anführen, wenn du nicht weißt, wohin.

Wir führen unsere Lean-Trainings heute nach wie vor für alle Angestellten im Zwei-Jahres-Rhythmus durch. Das dreitägige Training umfasst einen Shopfloor-Tag (Tag in der Produktion) sowie einen Projekttag. Daraus ergibt sich auch der Vorteil, dass die Mitarbeiter unterschiedliche Berufsgruppen kennen lernen sowie die Mitarbeiter aus der Administration Verständnis für Produktionstätigkeiten bekommen. Für die meisten sind alleine der frühe Schichtbeginn sowie acht Stunden in der Produktion auf den Beinen zu stehen eine große Herausforderung und erzeugen großen Respekt für ihre Kollegen in der Produktion.

# 4 Einführung des 5S-Prozesses (seit Juli 2004)

Der 5S-Prozess, bei dem Ordnung und Sauberkeit im Vordergrund stehen, ist die Grundvoraussetzung für das Vermeiden von allem „Übel" und hat nichts mit „schöner Wohnen" zu tun. 5S ist sicherlich nichts Neues für Sie; ich fasse in diesem Kapitel noch einmal die Maßnahmen sowie meine Vorschläge zusammen.

| Grundlagen für Betriebsoptimierung (5S) | |
|---|---|
| 1. Sort | (Sortieren) |
| 2. Set | (Stabilisieren) |
| 3. Shine | (Sauberkeit) |
| 4. Standardize | (Standisieren) |
| 5. Sustain | (Selbstdisziplin) |

*Umsetzungsprozess – Grundlagen für Betriebsoptimierung*

## ▶ Sortieren

### Ziel:

- Visualisieren der Veränderung (Lernen zu sehen)

### Maßnahmen:

- Frage: Benötigt/Nicht benötigt?
- Installation Kennzeichnungs-System
- Fotografiere die Situation
- Lagere die unbenötigten Teile in gekennzeichnetem Bereich (6 Wochen)

*Umsetzungsprozess – Sortieren*

## ▶ Stabilisieren

### Ziel:

- Messbarmachung der Disziplin durch visuelle Standards
- Sichtbarmachung des Abnormalen für Jeden
  (Verständigungskommunikation)

### Maßnahmen:

- Alles immer an seinen Platz
- Entwickle und dokumentiere die Standards
- Kennzeichne die Positionen von Einrichtungen, Maschinen,
  Materialien und Fußgängerwegen

*Umsetzungsprozess – Stabilisieren*

▶ **Sauberkeit**   ... bedeutet Inspektion und Vorbeugende Instandhaltung, die eingebaute Qualität und Sicherheit ermöglicht.

### Ziel:

– Entwicklung und Dokumentation des Standards
– Festlegung der Verantwortlichkeiten
– Definition, Frequenz und Methode für Standardbeibehaltung und Verbesserung

### Maßnahmen:

– Verbesserung der Arbeitssicherheit für den Einzelnen bedeutet Eigenverantwortung für jedes Teammitglied
– Sichtbarmachung des Abnormalen für Jeden (Verständigungskommunikation)

*Umsetzungsprozess – Sauberkeit*

▶ **Standardisieren**   ... bedeutet, keine Verbesserung ohne Standards. Verbessern bedeutet zu wissen, wo man steht.

### Ziel:

– Disziplin für Leistungsstabilität und Verbesserung

### Maßnahmen:

– Permanentes Training
– Prozess-/Mitarbeiterinstruktionen erstellen
– Messbare Ziele kaskadieren
– Aktionsplan/Masterplan erstellen und verfolgen

*Umsetzungsprozess – Standardisieren*

Sortieren Sie über einen längeren Zeitraum, den Sie zuvor festgelegt haben, alles aus; kennzeichnen Sie es und verschrotten Sie es sobald wie möglich. Es werden Ihnen tausende Argumente vorgebracht werden, warum Sie bestimmte Teile aufbewahren sollten. Lassen Sie sich dennoch nicht beirren und set-

*Zustand vor dem Aufräumen*   *Zustand vor dem Aufräumen*

*Zustand vor dem Aufräumen*   *Zustand vor dem Aufräumen*

zen Sie sich durch, auch wenn Sie im Nachhinein möglicherweise feststellen müssen, dass Sie falsche Entscheidungen getroffen haben. Es ist besser, Entscheidungen zu treffen, auch auf das Risiko hin, dass Fehlentscheidungen dabei sein mögen, als gar keine Entscheidungen zu treffen. Schließlich können Fehler später eingestanden und korrigiert werden. Ziehen Sie bei diesem Prozess auf jeden Fall auch alle Sozialräume wie Umkleiden, Duschen, Toiletten, Raucherzonen, Pausenecken und Kantine ein, möglicherweise auch alle Plätze für Aufenthalte außerhalb der Fabrikgebäude. Wenn Sie dies berücksichtigen, spüren Ihre Mitarbeiter, dass Sie sie ernst nehmen und sich um ihre Belange kümmern.

Vergessen Sie nicht, Fotos vom Zustand Ihres Unternehmens vor dem Aussortieren und Aufräumen und von der Ordnung danach zu machen. Ein Bild sagt mehr als 1.000 Worte – vorausgesetzt, Sie nutzen die Visualisierung aufrichtig.

*Zustand vor dem Aufräumen*   *Zustand vor dem Aufräumen*

Die abgebildeten Fotos zeigen Ihnen den Zustand unserer Fabrik im Juli 2004. Glauben Sie mir: Trotz aller Zertifikate, die Sie und Ihr Unternehmen haben mögen, werden Sie auch bei sich zumindest in einigen Ecken und Winkeln solche Zustände vorfinden. Ich selbst habe in den vergangenen Jahren viele große und kleine Fabriken besucht und habe überall Winkel und Plätze entdeckt, in denen aufgeräumt werden sollte.

Die Fotos zeigen, dass in unserem Betrieb vor Beginn der Implementierung des innovativen Produktionssystems von Arbeitssicherheit, Qualitätsbewusstsein und Umweltschutz keine Spur war. Es ist unvorstellbar, dass Werkleiter diese Zustände als Standard für Mittelständler akzeptieren.

Auch die Außenaufnahmen reflektieren, welches Erscheinungsbild vorhandenen sowie potentiellen Kunden vor der Veränderung geboten wurde.

Hätte ich als Qualitätskontrollleiter, als der ich in den frühen Neunzigerjahren bei einem globalen OEM (original equipment manufacturer) im Bereich Automotive tätig war, dieses Unternehmen besucht, wäre ich, ohne anzuhalten, vorbeigefahren mit dem Zuruf an das auf mich wartende Führungspersonal: „Auftrag ade!"

Es ist nicht verwunderlich, dass die damals vorhandenen Kunden diesem Unternehmen vor dem Umbruch jedes Vertrauen entzogen. Weder wurden dem Kunden Qualitätsprodukte noch geforderte Stückzahlen noch zum geforderten Zeitpunkt zur Verfügung gestellt. Das Unternehmen sicherte sein Überleben allein dadurch, dass Kunden von seinen Produkten abhängig waren und sich nicht ohne weiteres einen anderen Hersteller suchen konnten.

Der spanische Großkonzern, der diesen Betrieb 2001 übernahm, hatte im Jahr 2004, wie bereits am Anfang erwähnt, fast die Geduld verloren. Hätte der Betrieb noch drei Monate so weiter gewirtschaftet wie zuvor, hätte das möglicherweise für die Mitarbeiter und den Betrieb sehr unangenehme Folgen gehabt.

Lassen Sie mich an dieser Stelle das 80/20-Prinzip erwähnen, das Sie möglicherweise bereits kennen. Es gilt in diesem Fall auch als Nachweis für die Personalfähigkeit, hier nur für die Führungsmannschaft. Nach diesem Prinzip opfern sich lediglich 10 Prozent des Personals mit Herzblut und weit überdurchschnittlich für ihr Unternehmen auf; 80 Prozent der Belegschaft erledigen genau das, was ihnen aufgetragen wird; die restlichen 10 Prozent identifizieren sich in keiner Weise mit ihrem Unternehmen, auf sie könnte man verzichten. In diesem Unternehmen schienen vor der Veränderung mehr als 80 Prozent zu der letztgenannten Gruppe zu gehören.

Die Entwicklung des Unternehmens wurde vor dem Umbruch allein nach den Kennzahlen der Gewinn-und-Verlust-Rechnung gesteuert. Die wichtigsten Kennzahlen befanden sich allerdings fast alle im roten Bereich. Bekannt waren diese Zahlen seinerzeit nur den damaligen Verantwortlichen, die jedoch nicht handelten, sowie dem Finanzchef, den der Klüngel nicht handeln ließ, selbst wenn er es gekonnt hätte. Er ist heute Geschäftsführer und überzeugt, dass Firmensanierung zu 90 Prozent nicht auf Einsparungen, sondern auf technischen Kennzahlen basiert.

Heute präsentiert sich unser Unternehmen außen und innen in einem ganz anderen Zustand als damals. Das belegen die folgenden Fotos.

*Außenbereich*

*Großpresse*

*Werkzeug-/Rohmaterial-Lager*

*Pressenkeller*

Der sogenannte 5S-Prozess wurde bereits im Juli 2004 durch tägliche Begehungen zu einem festgelegten Zeitpunkt durchgeführt. Zunächst leitete ich diese Begehungen, später leiteten sie die jeweiligen Abteilungsleiter. Unterstützt wird der jeweilige Vorgesetzte durch die Sicherheitsfachkraft sowie durch Mitarbeiter aus den Bereichen Instandhaltung (dieser sorgt für die schnelle Umsetzung der erforderlichen Maßnahmen), Logistik und Qualitätskontrolle.

Heute nennen wir diese Begehung „Verschwendungsrundgang" (Waste walk), da wir das Augenmerk nicht nur auf Merkmale zu Arbeitssicherheit, Qualität und Effizienz richten, sondern auf den Rundgängen auch Verschwendung brandmarken wollen.

*Schweißzelle*

*Fertigungszelle*

*Lehrwerkstatt*

*Werkzeuginstandhaltung*

Wir orientieren uns dabei an den Prinzipien der sieben Arten von Verschwendung, die es im Wertschöpfungsfluss zu vermeiden gilt. Zu Verschwendung tragen Überproduktion, lange Wegstrecken, lange Warte- bzw. Rüstzeiten, fehlerhafte Produkte, die Reparaturen erfordern, große Bestände, Übertechnisierung sowie lange Transportwege bei. Die folgenden Abbildungen führen Ihnen die Verschwendung noch einmal vor Augen.

Wertschöpfungsfluss

| | |
|---|---|
| ÜBERPRODUKTION | |
| WEGSTRECKEN | Wertsteigerung und die 7 Arten von Verschwendung |
| WARTEZEITEN | |
| REPARATUR | Verhältnis von Verschwendung zu Wertsteigerung |
| BESTÄNDE | ▶ 400 zu 1: Japanische Unternehmen |
| ÜBERTECHNISIERUNG | ▶ 1000 zu 1: Westliche Unternehmen |
| TRANSPORTWEGE | ▶ 10.000 zu 1: Firmen ohne Schlanke Fertigung |
| WERTSTEIGERUNG | |

*Wertschöpfungsfluss*

Wertschöpfungsfluss

## ▶ Überproduktion...

### ... zu viel, zu früh.

## Maßnahme:

– Prozessoptimierung und Umstellung von Pull- auf Push-System

*Umsetzungsprozess – Überproduktion*

**Wertschöpfungsfluss**

▶ **Wegstrecke ...**

**... hervorgerufen durch unorganisierten Arbeitsplatz oder Layout.**

## Maßnahme:

– Bringe die Arbeit zum Werker und nicht den Werker zur Arbeit

*Umsetzungsprozess – Wegstrecke*

**Wertschöpfungsfluss**

▶ **Wartezeit ...**

**... hervorgerufen durch Maschinenstörung, Teileverfügbarkeit, Qualität, Layout und Auslastung ...**

## Maßnahme:

– Vorbeugende Instandhaltung, SMF, Qualitätschecks, Auslastungs- und Layoutoptimierung

*Umsetzungsprozess – Wartezeit*

**Wertschöpfungsfluss**

## ▶ Reparaturen

... jede Reparatur ist Verschwendung. Mach es sofort richtig heißt Fehler vermeiden.

### Maßnahme:

– Qualitätschecks, Auslastungs-, Arbeitsplatz- und Einrichtungsoptimierung, Vorbeugende Instandhaltung, etc...

*Umsetzungsprozess – Reparaturen*

**Wertschöpfungsfluss**

## ▶ Bestände

... alles, was über das Minimum hinausgeht, was für die Erledigung der Arbeit erforderlich ist.

### Maßnahme:

– SMF wie: Pullsystem, Kanban, Just in Time etc.

*Umsetzungsprozess – Bestände*

### Wertschöpfungsfluss

## ▶ Übertechnisierung

**... hervorgerufen durch Bearbeitung, die über die Prozesserforderlichkeit hinausgeht.**

**Maßnahme:**

– In Frage stellen: Wenden wir zu viel an? Tun wir Dinge zu oft? Ist das wirklich nötig?

*Umsetzungsprozess – Übertechnisierung*

### Wertschöpfungsfluss

## ▶ Transportwege

**... hervorgerufen durch überzähliges Material zwischen den Prozessen.**

**Maßnahme:**

– Direktanlieferung, Verpackungsänderung, U-Zellen-Anordnung

*Umsetzungsprozess – Transportwege*

**Aufräumen vor dem Betriebsfest**

Lassen Sie mich an dieser Stelle kurz über eine Begebenheit berichten, die dazu führte, dass Ordnung und Sauberkeit in Hochgeschwindigkeit unter Mithilfe unserer gesamten Belegschaft erreicht wurden:

Etwa im August, also ziemlich am Anfang meiner Tätigkeit im Betrieb, sprach mich ein junger Mann an. Er schlug vor, doch eine Bierbude vor der Fabrik aufzubauen, um so die Gesprächsbereitschaft untereinander zu fördern. Er meinte, in unserem Betrieb rede keiner mit dem anderen. Sie können sich vorstellen: Für mich klang diese Idee anfangs absurd. Jedoch war mir auch nicht entgangen, dass tatsächlich niemand bei uns mit einem anderen redete, weder privat noch dienstlich.

Doch sein Vorschlag brachte mich ins Grübeln. Schließlich fiel mir ein, man könne ein Betriebsfest organisieren – natürlich mit einem Tag der offenen Tür. Und der Zufall meinte es gut mit uns: Das Unternehmen war kurz zuvor 25 Jahre alt geworden. Ein passender Anlass für ein Fest!

Ein Festkomitee war schnell gefunden. Die Leitung übernahmen unsere heutige Personalleiterin Evelin sowie unsere Assistentin Bettina, zwei damals schon zuverlässige Vertraute meinerseits. Die beiden Damen brachten ob ihrer Resolutheit und ihrer Durchsetzungskraft den Rest des Komitees (ausschließlich männlich und lange im Betrieb verankert) in Schwung. Die nicht unerheblichen Kosten für ein solches Fest übernahmen unsere Zulieferer. Sie waren schnell überzeugt, die Kosten zu tragen, denn auch ihnen war die angelaufene Veränderung nicht entgangen und stellte ihnen höhere Umsätze sowie mehr Effizienz, da sie von uns lernen konnten, in Aussicht.

Nun musste allein noch die Konzernspitze für unser Vorhaben gewonnen werden. In unserer finanziellen Situation hätte diese ein Betriebsfest auf keinen Fall genehmigt. Doch, da die Kosten verteilt waren, stimmte sie zu, und eine kleine spanische Delegation nahm an unserem Betriebsfest teil. Durch diese bewusste Einladung wurde die bereits sichtbare Veränderung schnell und umfassend zur Konzernspitze getragen, was letztendlich dazu beitrug, dass sie sich bei einem Millionenvorhaben kurz danach für uns entschied.

Das Fest motivierte alle: Unsere Mitarbeiter putzten, pinselten und räumten zuvor auf, was das Zeug hielt. Wer wollte schon seiner Familie und seinen Bekannten ein dreckiges und vernachlässigtes Unternehmen als seinen Arbeitsplatz präsentieren? Hätte ich es darauf angelegt, hätte das Unternehmen weder Überstunden noch Putzmittel und Farbe bezahlen müssen.

Das Fest war ein Riesenerfolg für alle Beteiligten. Unser Betriebsfest fand Mitte Oktober 2004, also drei Monate nach dem Beginn der Implementierung des intelligenten Produktionssystems, statt. Annähernd 2.000 Besucher durchströmten an diesem Tag unsere Fabrik. An diesem Tag begann das Zusammenwachsen der Mitarbeiter zu einer Mannschaft.

Und bei Besuchern, Geschäftspartnern, Kunden und Zulieferern ernteten wir tiefen Respekt, da wir damals alle roten Zahlen zeigten. Unsere Ehrlichkeit überraschte sie, doch gerade sie ist notwendig auf dem Weg zum Erfolg. Denn: Wer sich selbst betrügt, betrügt auch andere.

# 5 Installation des Qualitätszentrums (November 2004)

**Begreifen kommt von „Betatschen."** Da so gut wie keine Aktivitäten erkennbar waren, um eine gleichbleibende und hohe Qualität zu sichern, verdeutlichte ich unter dem Begriff „Qualitätszentrum" der gesamten Belegschaft, dass Ordnung und Sauberkeit die Voraussetzung sind, um die unter all dem Schrott und Schmutz verborgenen Probleme zu erkennen.

Unter Auswertung statistischer Methoden und strukturiertem Problemlösen verfolgen wir seither täglich auf dem Shopfloor temporäre und endgültige Maßnahmen. Dabei folgen wir dem Prinzip „Wer erledigt was bis wann". Es werden alle Teile ausgelegt, an denen Probleme entstanden sind. Die ausgelegten Teile visualisieren den Mitarbeitern meine Philosophie „Begreifen kommt von Betatschen" und vereinfachen das Verstehen eines Problems erheblich.

**Fragen Sie fünfmal warum.**

Die detaillierte Problembeschreibung beinhaltet mehr als 50 Prozent der Problemlösung. Hinterfragen Sie, um Probleme zu lösen, warum das Problem besteht. Stellen Sie stets fünfmal hintereinander die Frage nach dem Warum. Auch wenn Ihnen diese Technik lästig erscheint, das Prinzip funktioniert. Fragen Sie dabei auch, sofern möglich, warum haben wir das Problem an einer Maschine, an einer Stelle und an einer anderen nicht.

Vergessen Sie vor allem nicht die Frage: „Was schlagen Sie vor?" Denn Ihre Mitarbeiter, die täglich mit der zu verbessernden Situation zu tun haben, kennen sich am besten aus und haben die besten Lösungsvorschläge parat.

**Was schlagen Sie vor?** Aus diesen Vorschlägen ergibt sich, im Team behandelt, garantiert die richtige Problembeseitigung.

*Qualitätszentrum innen*

# 6 Zielvorgaben, Ziele und Vision (Oktober 2004)

Sichten und verstehen Sie Ihr betriebliches Datenerfassungssystem. Nutzen Sie alle verfügbaren Daten für:

- Arbeitssicherheit
- Qualität
- Wertstrom
- Kosten
- Moral
- Umwelt

Die für unseren Betrieb wichtigsten Kennzahlen habe ich bereits in Kapitel I, 5 „Die wichtigsten Kennzahlen" erläutert.

Erstellen Sie eine Scorecard, auf der die vorhandenen Daten als Ausgangsbasis für die Zielsetzung nach AQWKMU erfasst sind.

Erstellen Sie einen Masterplan, ebenfalls strukturiert nach AQWKMU, um die Maßnahmen auf dem Zeitstrahl der kommenden zwölf Monate zu visualisieren.

Treffen Sie sich dafür mit Ihren Abteilungsleitern, Fachkräften und Spezialisten, aber auch mit den Shopfloor-Mitarbeitern und dem Betriebsrat, um Maßnahmen zu definieren. Verteilen Sie dabei die Aufgaben nach dem Prinzip „Wer ist verantwortlich, was, wo, bis wann zu tun?"

Nun wägen Sie den Einfluss der jeweiligen Maßnahme auf die Kennzahl ab. Sie gelangen so zu einem Schätzwert, der Ihr gemeinsames Ziel darstellt, das Sie in zwölf Monaten erreicht haben wollen. Dadurch, dass Sie die wesentlichen Mitarbeiter bei jeder Zielsetzung einbeziehen, identifiziert sich jeder Einzelne außergewöhnlich mit den Zielen.

Überprüfen Sie mindestens täglich gemeinsam mit den entsprechenden Mitarbeitern die Entwicklung, um bei Abweichungen helfend eingreifen zu können. Falls Sie von den Zielkennzahlen abweichen, benutzen Sie Formblätter, um die Probleme lösen und die Maßnahmen weiter verfolgen zu können. Die Formblätter sind durch Ampelfarbgebung leicht zu identifizieren:

- Grün bedeutet         Ziel erreicht

- Gelb signalisiert     Ziel nicht erreicht, jedoch besser als im Vorjahr (erst anwendbar nach zwölf Monaten für das jeweilige Folgejahr)

- Rot warnt             Ziel nicht erreicht

In unserem Unternehmen hatten wir für die ersten zwölf Monate nach Einführung dieses Prozesses etwa 30 Kennzahlen definiert, an denen wir den Erfolg unserer Maßnahmen ablesen konnten. Mittlerweile orientieren wir uns an etwa 50 Kennzahlen. Die Aufstockung der Kennzahlen hat sich aus der Praxis ergeben. Eigentlich sind 50 Kennzahlen bereits zu viel, da die Einhaltung jeder einzelnen kontrolliert werden muss. Durch die Kennzahlen haben wir allerdings eine „Gläserne Fabrik" geschaffen. Die Transparenz sorgt dafür, dass sich jeder an unsere Vorgaben hält und nicht „sein eigenes Süppchen kocht".

Erst jetzt, im vierten Jahr nach der Einführung des intelligenten Produktionssystems, denken wir darüber nach, die Kennzahlen zu reduzieren. Der Kennzahlenprozess ist kaskadenförmig aufgebaut: Die Kennzahlen sind für den Shopfloor, für die Teams sowie für alle Mitarbeiter im Angestelltenstatus individuell definiert. Monatlich präsentieren mir die jeweiligen Abteilungsleiter die Entwicklung dieser Abteilungs-, Team- und individuellen Kennzahlen. Somit kann ich, falls erforderlich, entsprechende Hilfe anbieten. Diese besteht beispielsweise im Angebot externer und interner Schulungen, in der Verfolgung des Urlaubs und der Einsetzbarkeitsmatrix. Da die gesamte Belegschaft, jeder Mitarbeiter, ob direkt, indirekt oder angestellt, in Teams organisiert ist, haben wir mit jedem Team je eine Zielvorgabe im Rahmen von AQWKMU definiert. Das Erreichen dieser Ziele ist an ein Zusatzentgeltsystem (Prämie) gekoppelt.

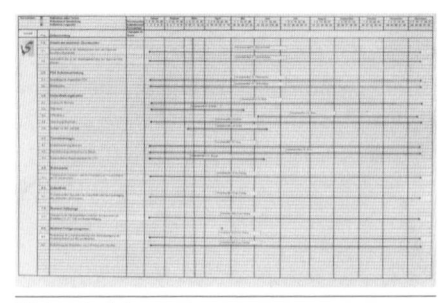

*Masterschedule*

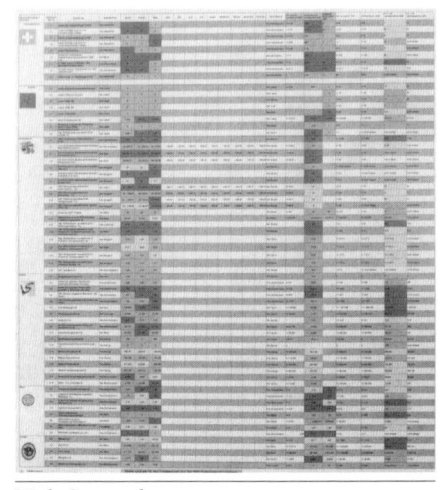

*Werks-Scorecard*

Nachdem nun die Zielvorgaben (targets) gemeinsam ermittelt wurden, wird jetzt klarer, was man als Ziele (objectives) ins Auge fassen muss. Während es sich bei den Zielvorgaben um direkt messbare Werte handelt, ist die Erreichung der Ziele nur indirekt messbar.

Wie bereits erwähnt, mussten in unserem Unternehmen sowohl das Qualitäts- als auch das Umweltaudit seitens des TÜV sowie ein extensives Qualitätsaudit seitens des Hauptkunden innerhalb von zwölf Monaten bestanden werden. Denn ohne das Erreichen dieser Vorgaben hätten wir keinerlei Aussicht auf Neuaufträge gehabt. Sie wissen mittlerweile, dass wir die Vorgaben im vorgegebenen Zeitraum erreicht haben.

Als Vision habe ich damals im Oktober 2004 den Kategoriesieg bei „Die Fabrik des Jahres" definiert. Dass wir diesen Sieg errungen und darüber hinaus auch den „Lean Award" gewonnen haben, habe ich bereits erwähnt. Ich kann jedem die Teilnahme an diesen beiden Wettbewerben empfehlen.

| Counter Measure Stripes Arbeitsicherheit (Gegenmaßnahmen) |

Verantwortlich: St. Wörsdörfer

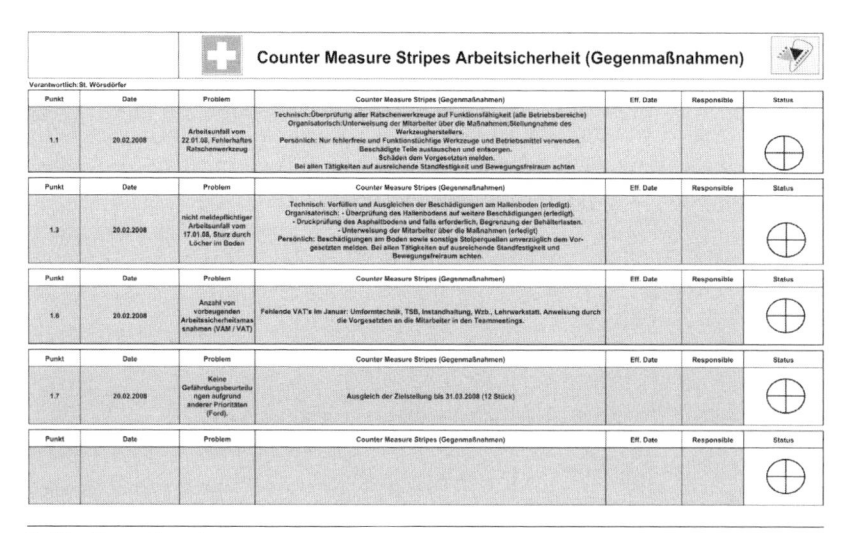

| Punkt | Date | Problem | Counter Measure Stripes (Gegenmaßnahmen) | Eff. Date | Responsible | Status |
|---|---|---|---|---|---|---|
| 1.1 | 20.02.2008 | Arbeitsunfall vom 22.01.08. Fehlerhaftes Ratschenwerkzeug | Technisch: Überprüfung aller Ratschenwerkzeuge auf Funktionsfähigkeit (alle Betriebsbereiche) Organisatorisch: Unterweisung der Mitarbeiter über die Maßnahmen;Stellungnahme des Werkzeugherstellers. Persönlich: Nur fehlerfreie und funktionstüchtige Werkzeuge und Betriebsmittel verwenden. Beschädigte Teile austauschen und entsorgen. Schäden dem Vorgesetzten melden. Bei allen Tätigkeiten auf ausreichende Standfestigkeit und Bewegungsfreiraum achten. | | | ⊕ |

| Punkt | Date | Problem | Counter Measure Stripes (Gegenmaßnahmen) | Eff. Date | Responsible | Status |
|---|---|---|---|---|---|---|
| 1.3 | 20.02.2008 | nicht meldepflichtiger Arbeitsunfall vom 17.01.08, Sturz durch Löcher im Boden | Technisch: Verfüllen und Ausgleichen der Beschädigungen am Hallenboden (erledigt). Organisatorisch: - Überprüfung des Hallenbodens auf weitere Beschädigungen (erledigt). - Druckprüfung des Asphaltbodens und falls erforderlich, Begrenzung der Behälterlasten. - Unterweisung der Mitarbeiter über die Maßnahmen (erledigt) Persönlich: Beschädigungen am Boden sowie sonstige Stolperquellen unverzüglich dem Vorgesetzten melden. Bei allen Tätigkeiten auf ausreichende Standfestigkeit und Bewegungsfreiraum achten. | | | ⊕ |

| Punkt | Date | Problem | Counter Measure Stripes (Gegenmaßnahmen) | Eff. Date | Responsible | Status |
|---|---|---|---|---|---|---|
| 1.6 | 20.02.2008 | Anzahl von vorbeugenden Arbeitsicherheitsmaßnahmen (VAM / VAT) | Fehlende VAT's im Januar: Umformtechnik, TSB, Instandhaltung, Wzb., Lehrwerkstatt. Anweisung durch die Vorgesetzten an die Mitarbeiter in den Teammeetings. | | | ⊕ |

| Punkt | Date | Problem | Counter Measure Stripes (Gegenmaßnahmen) | Eff. Date | Responsible | Status |
|---|---|---|---|---|---|---|
| 1.7 | 20.02.2008 | Keine Gefährdungsbeurteilungen aufgrund anderer Prioritäten (Ford). | Ausgleich der Zielstellung bis 31.03.2008 (12 Stück) | | | ⊕ |

| Punkt | Date | Problem | Counter Measure Stripes (Gegenmaßnahmen) | Eff. Date | Responsible | Status |
|---|---|---|---|---|---|---|
| | | | | | | ⊕ |

*Problemlösungsformular*

**Abteilung EDV/IT ( 4 Personen)**

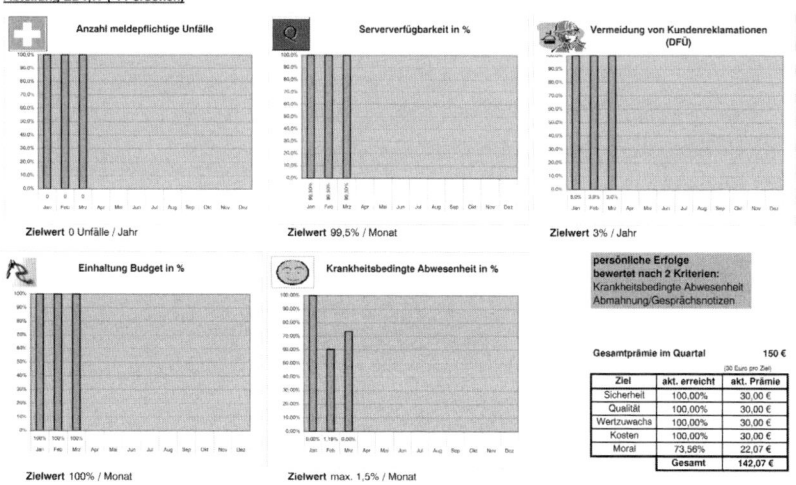

Anzahl meldepflichtige Unfälle — Zielwert 0 Unfälle / Jahr

Serververfügbarkeit in % — Zielwert 99,5% / Monat

Vermeidung von Kundenreklamationen (DFÜ) — Zielwert 3% / Jahr

Einhaltung Budget in % — Zielwert 100% / Monat

Krankheitsbedingte Abwesenheit in % — Zielwert max. 1,5% / Monat

**persönliche Erfolge bewertet nach 2 Kriterien:**
Krankheitsbedingte Abwesenheit
Abmahnung/Gesprächsnotizen

Gesamtprämie im Quartal    150 €
(30 Euro pro Ziel)

| Ziel | akt. erreicht | akt. Prämie |
|---|---|---|
| Sicherheit | 100,00% | 30,00 € |
| Qualität | 100,00% | 30,00 € |
| Wertzuwachs | 100,00% | 30,00 € |
| Kosten | 100,00% | 30,00 € |
| Moral | 73,56% | 22,07 € |
| Gesamt | | 142,07 € |

*Prämienmodell*

Die Anstrengungen, diese Preise zu gewinnen, spornen die gesamte Belegschaft im Tagesgeschäft zusätzlich an, etwas – damals für unglaublich Gehaltenes – tatsächlich zu erreichen. Auch heute haben wir noch immer unsere Vision im Auge: „Wir wollen der beste Zulieferer für unsere Kunden, profitabel mit dem höchsten Qualitätsstandard und den niedrigsten Kosten mit hoch motivierten Mitarbeitern sein."

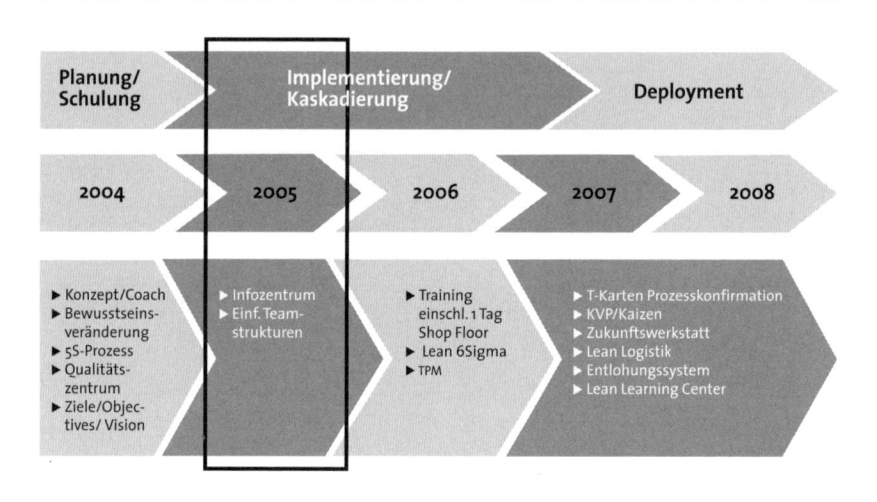

| Planung/ Schulung | Implementierung/ Kaskadierung | Deployment | | |
|---|---|---|---|---|
| 2004 | 2005 | 2006 | 2007 | 2008 |
| ▶ Konzept/Coach<br>▶ Bewusstseinsveränderung<br>▶ 5S-Prozess<br>▶ Qualitätszentrum<br>▶ Ziele/Objectives/Vision | ▶ Infozentrum<br>▶ Einf. Teamstrukturen | ▶ Training einschl. 1 Tag Shop Floor<br>▶ Lean 6Sigma<br>▶ TPM | ▶ T-Karten Prozesskonfirmation<br>▶ KVP/Kaizen<br>▶ Zukunftswerkstatt<br>▶ Lean Logistik<br>▶ Entlohnungssystem<br>▶ Lean Learning Center | |

*Einführungsfahrplan*

# 7 Installation des Informationszentrums (Januar 2005)

Das Informationszentrum ist ein Herzstück des Veränderungsprozesses. Es befindet sich im Zentrum der Produktion (Shopfloor). 90 Prozent aller Besprechungen finden somit indirekt auf dem Shopfloor statt. Die Wände des Informationszentrums bestehen zu 50 Prozent aus Glas. Auf Grund seiner gläsernen Fassade nennen wir unser Informationszentrum auch Bubble (Luftblase).

*Informationszentrum*

Die Einrichtung des Informationszentrums war neben den Schulungen durch externe Trainer eine der kostspieligsten Maßnahmen und schlug mit etwa 25.000 Euro zu Buche. Im Informationszentrum steht lediglich ein ovaler Stehtisch zur Verfügung, damit Besprechungen so kurz wie möglich erfolgen. Jede Besprechung wird zielgerichtet abgehalten und ist durch Agenda zeitlich begrenzt. Im Informationszentrum kommen häufig Mitarbeiter zusammen, um aktuelle Probleme im Unternehmen zu identifizieren und anhand von strukturierten Methoden zu lösen.

Im Informationszentrum finden aber nicht nur Besprechungen zu Problemlösungen statt, sondern hier treffen sich auch täglich der Steuerungskreis bzw. die Werkleitung und die Abteilungsleiter, um binnen 30 Minuten die Entwicklung der Kennzahlen der vergangenen 24 Stunden zu beurteilen. Falls sie Abweichungen feststellen, können sie ein zeitnahes Eingreifen einleiten.

An den festen Wänden unseres Informationszentrums hängen große Tafeln, die auf einen Blick die aktuellen Kennzahlen erkennen lassen. Strukturiert nach dem Prinzip AQWKMU, das ich in Kapitel II, 5 erläutert habe,

**Boards innerhalb des Bubbles visualisieren tägliche, wöchentliche, monatliche und jährliche Entwicklung**

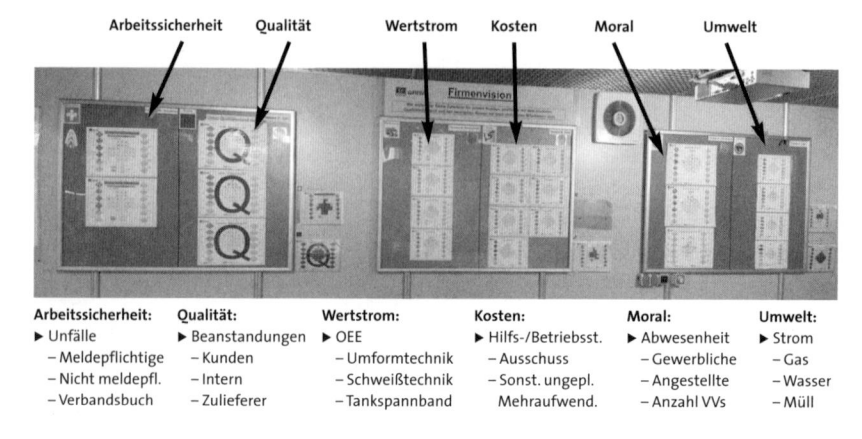

| Arbeitssicherheit: | Qualität: | Wertstrom: | Kosten: | Moral: | Umwelt: |
|---|---|---|---|---|---|
| ▶ Unfälle | ▶ Beanstandungen | ▶ OEE | ▶ Hilfs-/Betriebsst. | ▶ Abwesenheit | ▶ Strom |
| – Meldepflichtige | – Kunden | – Umformtechnik | – Ausschuss | – Gewerbliche | – Gas |
| – Nicht meldepfl. | – Intern | – Schweißtechnik | – Sonst. ungepl. | – Angestellte | – Wasser |
| – Verbandsbuch | – Zulieferer | – Tankspannband | Mehraufwend. | – Anzahl VVs | – Müll |

*Informationszentrum*

sind auf den Tafeln beispielsweise die aktuellen Produktionsdaten, Zahlen zu Qualität, etwaigen Arbeitsunfällen oder Fehltagen dargestellt. Der Status der Kennzahlen der vergangenen 24 Stunden wird in Ampelfarben visualisiert. Mittels lächelnder und trauriger Smileys (Mondgesichter) kann der Besucher im Informationszentrum schnell erkennen, ob die Kennzahl der Zielsetzung entspricht oder nicht. Auch ich kann jeden Tag auf dem kurzen Weg aus meinem Büro zum Bubble in Sekundenschnelle erfassen, welcher Kennzahl wir uns heute besonders widmen müssen. Die klare und einfache Darstellung der wichtigsten Kennzahlen ist Teil unseres visuellen Managements, das wir mit der Veränderung eingeführt haben.

Der Standort des Informationszentrums inmitten der Produktion hat hohe Symbolkraft. Er verdeutlicht für jeden erkennbar, dass das Leben unserer gesamten Mannschaft im Betrieb dort stattfindet, wo Werte geschaffen werden. Der Mitarbeiter vor Ort erfährt ständig, dass er unsere Unterstützung bekommt, wann immer er sie braucht. Daher ist es auch wichtig, dass die Verantwortlichen die meiste Zeit in der Fabrik verbringen:

- der Werkleiter zu mindestens 60 Prozent,
- der Produktionsleiter zu mindestens 90 Prozent,
- der Meister zu 100 Prozent.

Um die Anwesenheit aller Führungskräfte auf dem Shopfloor sicherzustellen, wird in einer Besprechungsmatrix definiert, welche Besprechung wann und wo abgehalten wird, wer sie leitet und welches Ziel sie hat. Die Matrix umfasst fünf Wochentage, und die Besprechungsfrequenz ist durch farbliche Kennzeichnung visualisiert (z.b. gelb = tägliches Meeting, grün = wöchentliches Meeting).

Lassen Sie mich darauf hinweisen, dass Besprechungen zur Sicherstellung der Kommunikation für Ihr Unternehmen unausweichlich sind. Jeder, der Ihnen erzählt, Meetings seien Verschwendung, hat nichts verstanden.

*Regelmeetings*

Auch ist es wichtig, dass die produktionsnahen Bereiche wie Produktionsleitung und Meister, Qualitätsleitung und Ingenieure sowie Logistik und Instandhaltung nahe beieinander und zentral in der Produktion untergebracht sind.

In unserem Unternehmen ist diese Voraussetzung gewährleistet. Darüber hinaus sind diese Bereiche in direkter räumlicher Nähe zum Informationszentrum sowie zur Zukunftswerkstatt untergebracht, in der die erwähnten KVP- und Kaizen-Lösungen, die geringe Investitionskosten verursachen, im Team besprochen und geplant werden.

# 8 Implementieren von Teamstrukturen (Oktober 2004 bis Dezember 2005)

Parallel mit den vorgenannten Trainingsmaßnahmen starten Sie die Einführung von Teamstrukturen auf dem Shopfloor. Definieren Sie unter Benutzung von Grafiken die für Ihre Umstände beste Lösung. Als Anhaltspunkt: Das Verhältnis zwischen Teamleader und Teammitgliedern (Teamratio) sollte ungefähr zwischen 1:5 und 1:15 liegen. In unserem Betrieb liegt das Verhältnis bei 1:15.

Verfahren Sie dann, wie bereits beschrieben, nach dem Train-the-Trainer-Prinzip und etablieren Sie zunächst ein Pilotteam. Bei der Teambildung ist zu berücksichtigen, dass Mitarbeiter aus indirekten Funktionen (wie Instandhaltung, Qualitätssicherung und Logistik) von Anfang an eingebunden sind. Ernennen Sie, sofern möglich, die Teamleader. Dabei sollten Sie unbedingt Ihre Mitarbeiter sowie den Betriebsrat einbeziehen. Versuchen Sie dabei allerdings so geschickt zu taktieren, dass Sie sich mit Ihren Präferenzen auf jeden Fall durchsetzen. Denn die Erfahrungen haben gezeigt, dass alles andere, beispielsweise die Auswahl nach sozialen Kriterien, für die sich insbesondere der Betriebsrat einsetzen könnte, nicht zu einer erfolgreichen Veränderung führen und eher kontraproduktiv sind. Für Sozialesotherik ist bei einer solchen Veränderung kein Raum.

Da die Tagesproduktion bei aller Euphorie nach wie vor Priorität hat – das gilt im Übrigen für den gesamten Veränderungsprozess, der nie endet –, haben wir unser Pilotteam samstags trainiert. Das Pilotteam wurde an insgesamt sechs Samstagen jeweils sechs Stunden lang von einem externen Fachspezialisten meines Vertrauens unterwiesen.

Schaffen Sie dem nun etablierten Pilotteam – das gilt später auch für alle anderen Teams – die Möglichkeit, sich in einer wöchentlichen einstündigen Teambesprechung auszutauschen. Das hat zum Ziel, kontinuierlich Verbesserungen nach einem festgelegten Standard oder einer Agenda auszumachen. Um diese nichtproduktive Stunde aufzufangen, haben wir in unserem Betrieb die tägliche Arbeitszeit um eine halbe Stunde erhöht, so dass nun ein Achtstundentag zu Grunde liegt. Alle unsere Mitarbeiter einschließlich Betriebsrat haben der Arbeitszeiterhöhung bei gleicher Bezahlung zugestimmt. Infolge der Arbeitszeiterhöhung stehen nun jedem Mitarbeiter wöchentlich 2,5 Stunden für Teambesprechungen, Schulungen und Trainings zu. Zugegebenermaßen wird bei Bedarf ein Teil dieser Zeit auch für produktive Maßnahmen aufgewandt.

Sollte in Ihrem Unternehmen, da es sich nicht um ein Krisenunternehmen handelt, eine Arbeitszeiterhöhung nicht möglich sein, müssen Sie nach anderen, Ihrem Umfeld entsprechenden Lösungen suchen. Ich bin mir sicher, dass Sie diese finden werden. Auch hier gilt: Nutzen Sie durch Teilnahme an Einführungs- und Abschlussgesprächen die Möglichkeit, Ihren Shopfloor-Mitarbeitern Ihren Plan und Ihre Beweggründe zu erläutern und sie somit von Ihrer Idee zu begeistern. Denn diese Mitarbeiter sorgen für Wertschöpfung.

**Sagen Sie stets, was Sie tun, und tun Sie das, was Sie gesagt haben.** Hören Sie sich die Bedenken Ihrer Mitarbeiter an, und räumen Sie sie aus dem Weg. Wenn Sie dies mit „militärischer" Disziplin beherzigen, haben Sie die Voraussetzung für Glaubwürdigkeit geschaffen.

Nehmen Sie und Ihr Agent vor allem an den ersten Teambesprechungen teil, weil diese noch lange nicht so verlaufen werden, wie Sie sich das vorstellen.

Sobald das Pilotteam funktioniert, stellen Sie sicher, dass die Maßnahmen kaskadenförmig in der gesamten direkten und indirekten Belegschaft verbreitet werden. Der größte Teil der indirekten Mitarbeiter sollte im Rahmen der Teambildung direkte Funktionen erhalten.

Jedes Team, ob in direktem, indirektem oder Angestelltenbereich, pflegt ein sogenanntes Teamboard, das es täglich aktualisiert. Teamboards reflektieren somit die Entwicklung der Kennzahlen aller in Teams organisierten Mitarbeiter, also der gesamten Belegschaft. Dass diese Teamboards in der gesamten Fabrik entsprechend AQWKMU standardisiert sind, ist selbstverständlich.

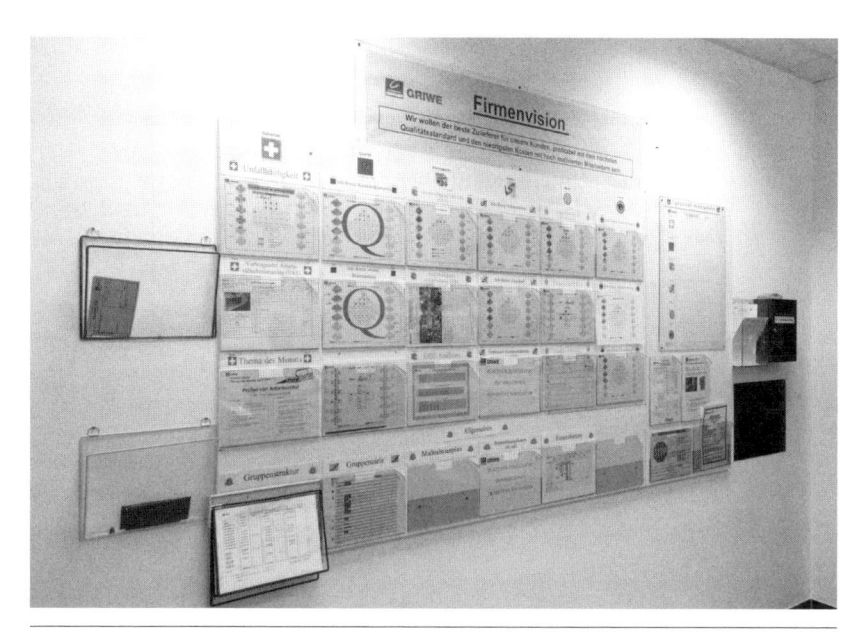

*Teamboard*

Auf dem sogenannten Manningboard wird der Personaleinsatz dargestellt. Jeder kann anhand dieser Tafel ablesen, welcher Mitarbeiter für welche Schicht eingesetzt ist, wer geplant oder ungeplant abwesend ist sowie wer aktuell an Schulungsmaßnahmen teilnimmt.

*Manningboard*

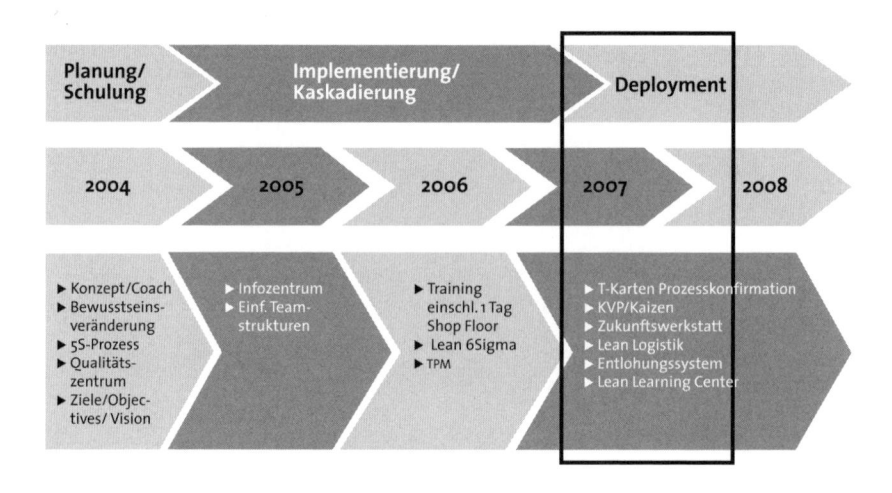

| Planung/ Schulung | Implementierung/ Kaskadierung | Deployment | | |
|---|---|---|---|---|
| 2004 | 2005 | 2006 | 2007 | 2008 |
| ▶ Konzept/Coach<br>▶ Bewusstseins-<br>veränderung<br>▶ 5S-Prozess<br>▶ Qualitäts-<br>zentrum<br>▶ Ziele/Objec-<br>tives/ Vision | ▶ Infozentrum<br>▶ Einf. Team-<br>strukturen | ▶ Training<br>einschl. 1 Tag<br>Shop Floor<br>▶ Lean 6Sigma<br>▶ TPM | ▶ T-Karten Prozesskonfirmation<br>▶ KVP/Kaizen<br>▶ Zukunftswerkstatt<br>▶ Lean Logistik<br>▶ Entlohungssystem<br>▶ Lean Learning Center | |

*Einführungsfahrplan*

# 9 T-Card-System zwecks Prozesskonfirmation (November 2007)

In jedem Verantwortungsbereich gibt es Aufgaben, die regelmäßig, jedoch in unterschiedlichen Intervallen – z.b. täglich, wöchentlich, monatlich – anfallen. Diese Intervalle werden durch die nachfolgenden Farben veranschaulicht:

**Aufgaben nach Intervallen**

| Täglich | ▶ GELB | Monatlich | ▶ GRÜN |
| Wöchentlich | ▶ BLAU | Vierteljährlich | ▶ ROT |

Ein Intervall endet immer am letzten Arbeitstag um 15.00 Uhr, beispielsweise wöchentlich am Freitag um 15.00 Uhr.

Folgende Vorgehensweise haben wir gewählt: Wir haben sogenannte T-Cards eingeführt. Jede Karte hat zwei Seiten. Auf der einen Seite befindet sich ein grüner, auf der anderen ein roter Punkt. Auf der Seite mit dem roten Punkt sind die anstehenden Aufgaben kurz beschrieben; die Seite mit dem grünen Punkt zeigt, dass die Aufgabe bereits erledigt wurde. Daher wird auf der Seite mit dem grünen Punkt notiert, wann die Aufgabe erledigt wurde. Zudem unterschreibt auf dieser Seite derjenige, der Sie erledigt hat.

Die T-Cards werden in ein Stecksystem fixiert, das horizontal nach den Intervallen und vertikal nach AQWKMU gegliedert ist.

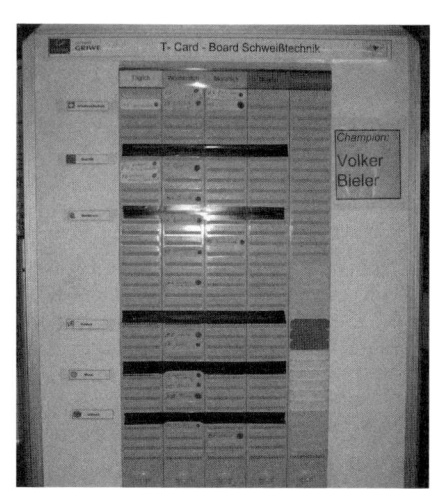

*T-Card*

# 10 Zukunftswerkstatt (April 2007)

In der Nähe des Informationszentrums inmitten der Fabrik haben wir die Zukunftswerkstatt eingerichtet. Sie steht nach entsprechendem Training der gesamten Shopfloor-Belegschaft zur Verfügung. In der Zukunftswerkstatt treffen sich täglich zu einem festen Zeitpunkt fünf Spezialisten (die besten Elektriker und Mechaniker der Fabrik) an einem Stehtisch, um neue Ideen auszutauschen sowie Aktivitäten mit geringem Kostenaufwand zu definieren.

Nach dem „Ideenaustausch" besuchen die Spezialisten auf einem rund 30-minütigen Rundgang die Instandhaltungswerkstatt, den Werkzeugbau und den Shopfloor, um hier gemeinsam mit den Mitarbeitern vor Ort ihre Ideen zu implementieren.

▶ **Verbesserung des Standards geplant**

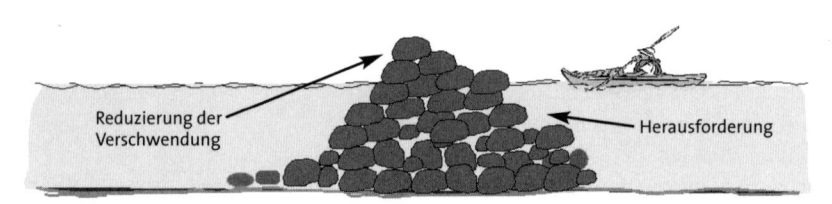

- Verdeutlichung der Herausforderung durch kontrollierte Reduzierung des Wasserstandes
- Voraussetzung: Ehrliche und offene Kultur (Zielsetzungen bekannt über alle Organisationsebenen)
- Anwendung von Problemanalyse (PA), von Analyse Potentieller Probleme (APP), Situationsanalyse (SA) sowie Entscheidungsanalyse (EA)

*Strukturierte Problemlösung*

Die Zukunftswerkstatt dient auch als Veranstaltungsort unserer Innovationsmeetings. Die „hellsten Köpfe" unseres Unternehmens treffen sich hier monatlich, um Gesehenes, Gelerntes oder Erdachtes vorzustellen, zu diskutieren und gemeinsam zu entwickeln, damit es in die Praxis umgesetzt werden kann. Als Vorgesetzter haben Sie die Aufgabe, den Startschuss zur Umsetzung der Ideen in die Praxis zu geben. Die Umsetzung in die Praxis wird dann in den meisten Fällen mit Unterstützung von konzerninternen oder externen Spezialisten in Angriff genommen.

Für unsere Fabrik ist dieser Innovationsprozess außerordentlich wichtig, denn das, was wir herstellen, können tausende Wettbewerber weltweit ebenfalls produzieren. Wir müssen daher versuchen, uns über ein Alleinstellungsmerkmal von der Konkurrenz abzuheben. In unserer Zukunftswerkstatt haben wir nun – wie wir überzeugt sind – für einen Artikel ein Alleinstellungsmerkmal erarbeitet. Den Artikel mit diesem Merkmal auf den Markt zu bringen haben wir längst in unsere Vision für das Jahr 2012 aufgenommen. Durch das Alleinstellungsmerkmal dürften wir uns, abgesehen von unserer Qualität, von unseren Mitbewerbern abheben.

# 11   Lean-Logistik (Juli 2007)

*Marktplatz*

Wie bereits erwähnt, haben wir unsere Bestände kontrolliert reduziert.

Erst vor kurzem haben wir uns einen Marktplatz geschaffen. Der Platz dafür ergab sich, als wir analysierten, auf welche überflüssigen Maschinen wir verzichten können. Zu einer solchen Analyse rate ich Ihnen dringend. Es wird zwar immer Gründe geben, Bestände zu behalten. Doch lassen Sie sich in Ihrer Entscheidung nicht beirren.

Wie auf der Abbildung ersichtlich, haben wir unser Material in sogenannten U-Zellen angeordnet, in denen sich ein Gabelstapler ungehindert bewegen kann, um so Waren nach dem Prinzip „first in first out" lagern zu können. Wie weit die Bestände reichen, wird zum einen elektronisch überwacht. Zum anderen erfolgt auch hier die Kennzeichnung mittels Smileys in Ampelfarben.

All diese Aktivitäten werden Sie in dieser kurzen Zeit mit Ihrem Lean-Agenten alleine nicht bewältigen können. Sie werden auf jeden Fall auch auf externe Berater angewiesen sein, auch wenn Sie das Train-the-Trainer-Prinzip anwenden. Das wird neben dem Informationszentrum die kostspieligste Maßnahme sein. Die externe Beratung wird wie das Informationszentrum etwa mit 25.000 Euro zu Buche schlagen. Wählen Sie daher Berater Ihres Vertrauens, die Ihnen nach Möglichkeit vor allem preiswerte Unterstützung bieten.

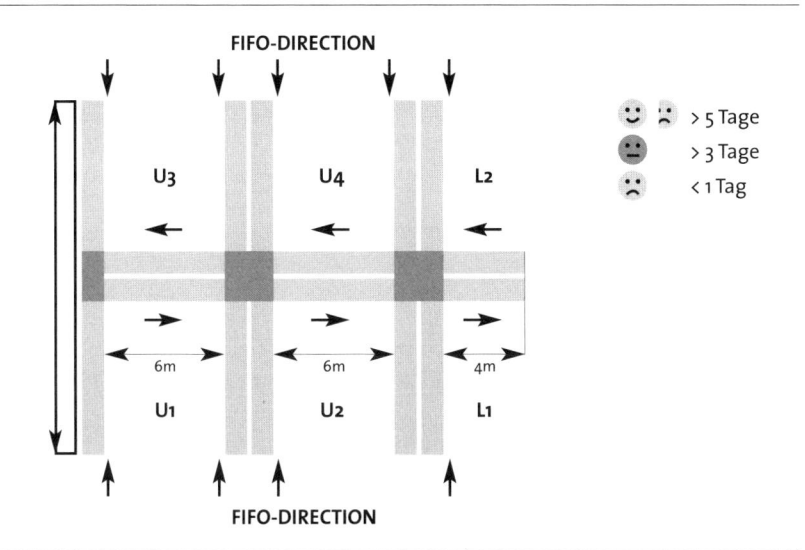

*Marktplatz mit U-Zellen*

## 12 Lean Learning Center (Dezember 2007)

Im Dezember 2007 haben wir in unserem Unternehmen einen Schulungsraum geschaffen. Dieser wurde notwendig, da wir, wie bereits erwähnt, unsere Mitarbeiter intensiv schulen. Zudem kamen im Jahr 2007 viele Besucher in unser Unternehmen, weil wir zum einen Fachvorträge anlässlich der Preisverleihungen für unseren Kategoriesieg beim Wettbewerb „Die Fabrik des Jahres" und beim „Lean Award" abhielten und zum anderen andere Veranstaltungen durchführten.

Bei der Schaffung des Schulungsraumes sind wir nach den schlanken (lean) Prinzipien vorgegangen. Der Raum entstand aus dem Zusammenschluss eines Empfangsraumes mit einem kleinen Besprechungsraum. Der Empfangsraum war frei geworden, da wir 2007 die Empfangsfunktion einsparten.

# 13 Resümee zur Implementierung

Mit der Einrichtung unseres Schulungsraumes haben wir binnen drei Jahren die dargestellte Implementierungsanleitung zunächst einmal erfolgreich installiert. Die gewählten Lean Tools waren bei der Implementierung nicht grundsätzlich neu, jedoch hat die Reihenfolge, in der wir sie implementiert haben, uns zum Erfolg gebracht. Die Implementierungsreihenfolge habe ich nach meinen Erfahrungen mit der Einführung von einem Produktionssystem bei einem großen globalen Automobilhersteller genauso gewählt, wie auf dem Zeitstrahl dargestellt.

Es war außerordentlich schwierig, diese Umsetzung in einer gewissen Reihenfolge zu gestalten. Ich bin aber überzeugt, dass auch Sie in dieser Reihenfolge erfolgreich sein werden. Das bestätigen auch die regelmäßigen Besuche von Top-Managern und Betriebsräten unserer Kunden, bei denen es sich ausschließlich um OEM handelt, in unserer Fabrik. Darüber hinaus habe ich bei all meinen bisherigen Betriebsbesichtigungen zwecks Beratung des dort verantwortlichen Personals immer die gleiche Vorgehensweise vorgeschlagen. Glauben Sie mir, wir waren immer erfolgreich.

Wer heute unsere Fabrik besucht, kann jedes einzelne Werkzeug, das für ein intelligentes Produktionssystem notwendig ist, verstehen und begreifen, das heißt bei uns: anfassen. Bei einem Besuch kann er sich selbst von dem Erfolg unserer Veränderung überzeugen.

# 14 Unser Betrieb im Jahr 2008

In unserem Unternehmen habe ich ein extensives Lean-Audit, das normalerweise nur bei großen OEMs stattfindet, veranlasst. Das Ergebnis spiegelt unseren Erfolg wider: Ziemlich genau 80 Prozent des Weges, den wir vor der Implementierung des intelligenten Produktionssystems vor uns hatten, haben wir in nur drei Jahren hinter uns gebracht. Noch längst ist nicht alles, wie auf dem Zeitstrahl dargestellt, zu 100 Prozent in allen Bereichen umgesetzt. Das wird noch viel Zeit in Anspruch nehmen – die restlichen 20 Prozent unseres Weges zu einem intelligenten Produktionssystem werden unendlich dauern. Denn Veränderung – Lean – bedeutet auch, ständig und unendlich nach Verbesserung zu suchen.

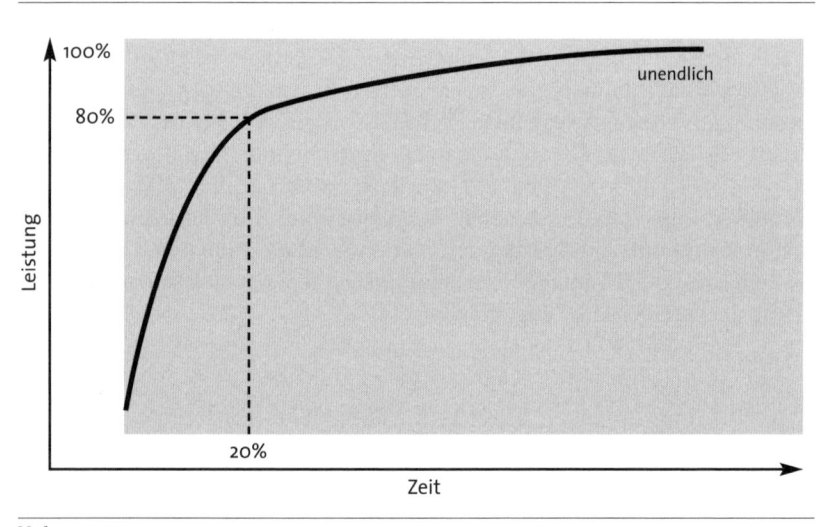

*Verbesserungsprozess*

Nicht unerwähnt darf ich lassen, dass unsere Konzernspitze durch regelmäßige Vorstandssitzungen unsere Entwicklung von Anfang an aufmerksam verfolgt hat. Mehr als 60 Firmen weltweit müssen zu diesem Anlass in die Konzernzentrale anreisen. Das gilt nicht für uns. Viermal bereits fanden seit 2005 diese Meetings in einer der beiden in Deutschland beheimateten Unternehmen statt, da die gewaltige Veränderung hier in unglaublich kurzer Zeit erfolgte. (In unserem Schwesterwerk in Thüringen wurden etwas zeitversetzt alle genannten Aktivitäten implementiert.) Der Konzernbesitzer sowie sein Top-Management reisen bei uns an, um die Veränderung zu verstehen.

Erst kürzlich erzählte mir mein spanischer Direktor, wie misstrauisch der Konzernbesitzer gewesen sei, als ich der Konzernspitze vor vier Jahren mein Konzept präsentierte. Das erstaunte mich nicht, denn auch ich hatte zuvor noch kein Unternehmen erlebt, das eine solche Veränderung in derart kurzer Zeit realisierte (high speed lean).

**Mit high speed lean zum hidden champion**

Heute sind alle Geschäftsführer, Werkleiter, Abteilungsleiter sowie andere Führungskräfte des Konzerns verpflichtet, sich bei uns Anleitung zu holen, da der Konzern jetzt plant, seine Produktion weltweit zu standardisieren. Benchmark sind unsere beiden Fabriken im „Hochlohnland" Deutschland.

Ich verrate kein Geheimnis, wenn ich Ihnen mitteile, dass weitere Millioneninvestitionen in beiden deutschen Fabriken, die bereits seit einiger Zeit wachsen, geplant sind. Das hierzu erforderliche Projektmanagement arbeitet auf Hochtouren, sowohl für die Erweiterung des Teilespektrums als auch für den dafür zu ergänzenden Maschinenpark. Das entsprechende Projektmanagement ist selbstverständlich standardisiert, visualisiert und kommuniziert regelmäßig. Jeder Mitarbeiter unserer Fabrik hat jederzeit alle Informationen über den Projektstatus, der somit einfach und verständlich sein muss. Der Ort, an dem Maschinen für bestimmte Produkte eingerichtet werden müssen, ist deutlich gekennzeichnet. Zudem werden, wie generell bei uns üblich, Informationen, Unterlagen, Skizzen sowie Fotos so früh wie möglich ausgelegt.

# IV Fazit

„Heute besser als gestern – und morgen besser als heute" muss der Wahlspruch auf dem Weg zur Verbesserung sein. Deshalb ist es nicht wichtig, das immer sehr hoch gesteckte Ziel tatsächlich zu erreichen. Viel wichtiger ist, dass sich der Trend in die Zielrichtung entwickelt.

Besuchen Sie Fachtagungen. In diesem Zusammenhang möchte ich auch auf die TOP-Veranstaltungen aufmerksam machen. Hier können Sie sich einen ganzen Tag in einer Fabrik Ihrer Wahl weiterbilden. Auch unser Unternehmen ist mittlerweile in den Kreis der TOP-Unternehmen aufgenommen worden. Erinnern Sie sich: Begreifen kommt von Betatschen, gehen Sie vor Ort, lernen Sie von den Besten.

Wie wichtig persönliche Weiterbildung für jeden Einzelnen sowie das regelmäßige Wiederholen von bestimmten Trainingsmethoden für die verschiedenen Aktivitäten in einem intelligenten Produktionssystem sind, veranschaulicht die folgende Darstellung:

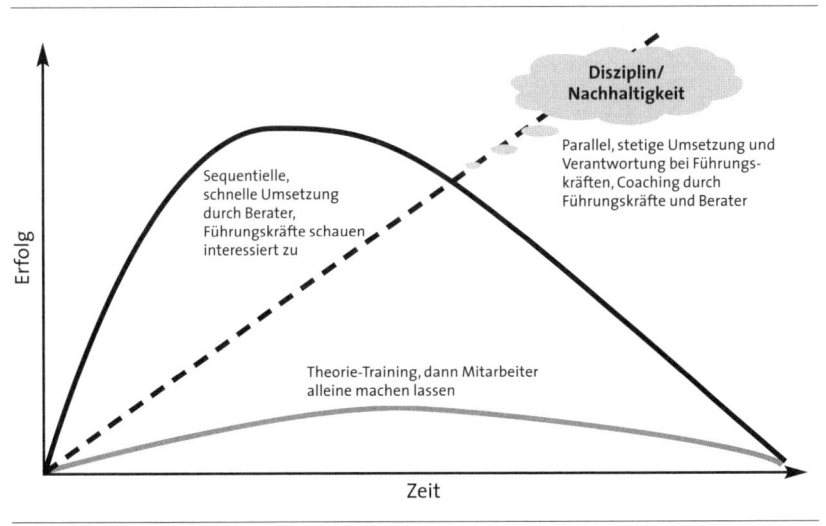

*Disziplin und Nachhaltigkeit*

Vergessen Sie bei allem, was Sie tun, nicht: Sie werden bei Ihren Mitarbeitern zumeist auf Widerstand stoßen, weil Ablehnung von Veränderungen menschlich zu sein scheint. Trösten Sie sich mit der Lernkurve: Demnach reagiert die Belegschaft auf Ihre Ankündigung, eine Veränderung herbeiführen zu wollen, zunächst geschockt. Dieser Zustand schlägt bald in Enthusiasmus um. Wenn jedoch die Veränderung bewusst wird, erreichen Sie einen absoluten Tiefpunkt – Sie erinnern sich sicherlich an die Geschichte mit meiner verzweifelten Mitarbeiterin Bettina, die ich Ihnen am Anfang erzählt habe –, bevor sich die Veränderung und auch der Wille, etwas verändern zu wollen, auf Grund von Disziplin und Nachhaltigkeit festigen.

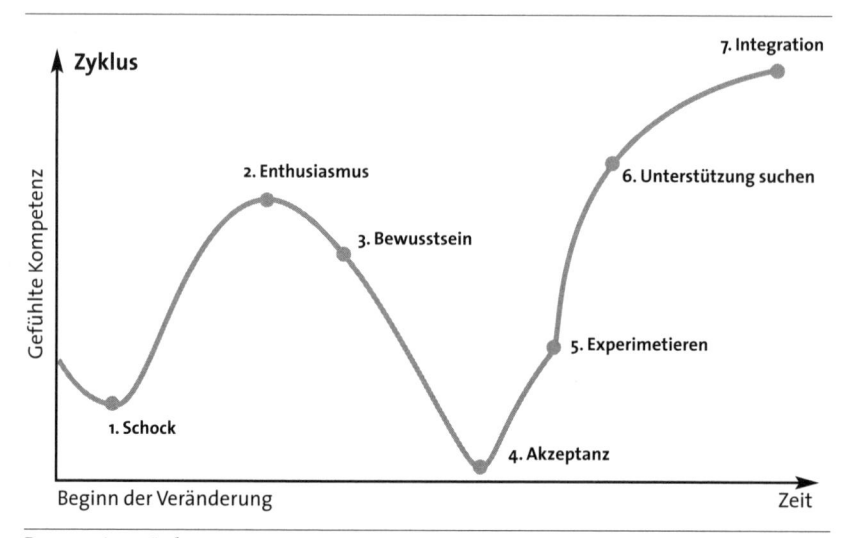

*Bewusstseinsveränderung*

*Essentials:*

- *Lass Dich infizieren*
- *Infiziere durch deine Leidenschaft andere*
- *Spezialisten auswählen und zum Lean-Agenten ernennen*
- *Konzept erstellen*
- *Besprechungsmatrix erstellen*
- *Bewusstseinsveränderung trainieren*
- *Führungsmannschaft und Angestellte trainieren*
- *5S-Prozess einführen*
- *Qualitätszentrum etablieren, Ordnung und Sauberkeit gewährleisten*
- *Gepflegte Sozialräume sicherstellen*
- *Zielvorgaben, Ziele und Vision erarbeiten und Verfolgung überprüfen*
- *Teamstrukturen implementieren*
- *Pilotteams installieren*
- *Teamboards installieren und Besprechungen etablieren*
- *T-Cards zur Prozesskonfirmation*
- *Scorecard und Masterschedule als Führungsinstrument*
- *Qualitätsaktivitäten visualisieren*
- *Strukturiertes und standardisiertes Problemlösen*
- *Aus Fehlern lernen*
- *Informationszentrum auf dem Shopfloor*
- *Shopfloor-Management*
- *Kennzahlen visualisieren*
- *Zukunftswerkstatt für KVP/Kaizen*
- *Lean-Logistik; Bestände reduzieren*
- *Kontinuierliche Weiterbildung*
- *Nachhaltigkeit und Disziplin*
- *Kontrolliere, um zu loben*
- *Just do it!*

**Anmerkung zu Lean Tools**

In diesem Buch habe ich bewusst darauf verzichtet, die sogenannten Lean Tools, die Werkzeuge zur Einführung des intelligenten Produktionssystems, detailliert zu erläutern. Was nun schlanke Fertigung bedeutet, erläutere ich hier noch einmal kurz.

Schlanke Fertigung bedeutet eine prozessorientierte, disziplinierte und kontinuierliche, nie endende Verbesserung von standardisierten Tätigkeiten, die auf AQWKMU basieren.

- Sie führt zu ständigem Zuwachs bei sinkendem Aufwand.

- Sie wird entwickelt und erbracht von zufriedenen Mitarbeitern, die in einem angenehmen Betriebsumfeld arbeiten.

- Sie stellt sicher, dass der Kunde die Produkte erhält, wie und wann er sie will.

Im Übrigen gilt das „Rezept", das ich Ihnen in diesem Buch vorgestellt habe, nicht nur für schlanke Produktion (Lean Production), sondern auch für schlankes Managment (Lean Management) und somit auch für die administrativen, technischen, kaufmännischen und Vertriebsabteilungen. Damit unser Unternehmen erfolgreich sein konnte, mussten wir neben der Produktion auch alle administrativen Prozesse und Firmenabläufe betrachten, entrümpeln und neu strukturieren.

# Literatur

Ford Deutschland: PR Material.

Haas, Martin/Hahn, Michael/Schur, Michael: Mit Konsequenz zur Exzellenz – Wertschöpfung systematisch managen. 2006.

Hartmann, Thorsten: Bestände sind böse. 2007.

Ohno, Thaiichi: Das Toyota Produktionssystem. 2005.

Thomson, Eike Hendrik: Lean Management. 2006.

# Abkürzungsverzeichnis

| | |
|---|---|
| 5S-Prozess | Konzept aus der schlanken Fertigung (die 5 „S" stehen für Sortieren, Stabilisieren, Säubern, Standardisieren und Selbstdisziplin) |
| 8D-Prozess | Analytische Problemlösungsmethode (D steht für Disziplin) |
| AQWKMU | Wichtigste Kennzahlen: Arbeitssicherheit, Qualität, Wertstrom, Kosten, Moral, Umwelt |
| KVP | Kontinuierlicher Verbesserungsprozess |
| OEE | Overall equipment effectiveness, Gesamtanlageneffektivität (Kennzahl, die die Wertschöpfung einer Anlage misst) |
| OEM | Original equipment manufacturer, Originalgerätehersteller |
| PCAR | Problem and corrective action report, Problemlösungsbericht |
| Ppm | Parts per million, Schlechtteile auf eine Million gefertigter Teile |
| QCO | Quick change over, schnelles Rüsten |
| SPC | Statistical process control, statistische Prozesslenkung (Anwendung statistischer Methoden, um einen Prozess zu beherrschen) |
| TPM | Total productive maintenance, vorbeugende Instandhaltung |
| VAT | Vorbeugende Arbeitssicherheitstechnik |

# Stichwortverzeichnis

5S-Prozess  32, 62ff., 68, 108

8D-Prozess  33f., 108

Entgeltsystem  21, 30, 38, 42, 47, 79

Kaizen-Prozess  41, 45f., 55f., 86

KVP  24, 26, 41, 46, 55, 58, 86, 108

Lean Tools  23, 55, 60, 97, 106

Lean-Agent  24, 56f., 60, 94

PCAR  46, 108

Poka Yoke  38, 58

Qualitätszentrum  32, 55, 76f.

Scorecard  25f., 28, 50, 78, 80

Teamratio  21, 87

U-Zellen  73, 94f.

Verschwendungsrundgang (Waste walk)  68

Zeitstrahl  27, 55f., 78, 97f.

Zukunftswerkstatt  41, 46, 55, 58, 86, 92f.

# Der Autor

*Roman Löw*, geboren am 2. September 1949, übernahm im Juli 2004 die Position des Werkleiters in einem globalen direkten Zulieferer (TIER-1-Lieferant) der Automobilindustrie. Das Werk befand sich damals in einer wirtschaftlichen Krise. Löw gelang es jedoch, das Unternehmen in nur drei Jahren aus der Krise herauszuführen und zum Benchmark für Kunden, Zulieferer und Wettbewerber werden zu lassen.

Diese Aktivitäten wurden im Jahr 2007 durch mehrere Awards belohnt:

- Das Werk errang in der Kategorie „hervorragende Teilefertigung" im Wettbewerb „Die Fabrik des Jahres" den Sieg.
- Das Unternehmen gewann den Lean Award im Bereich „Sonderpreis Best practice Lean Start-up".

Darüber hinaus wurde das Unternehmen in das TOP-Programm „Innovative Unternehmen laden ein" aufgenommen.

Vor seiner Berufung zu diesem Konzern arbeitete der gelernte Werkzeugmacher und Ingenieur mehr als drei Jahrzehnte bei der Ford Werke AG. Über 20 Jahre seiner dortigen Tätigkeit war er ins Management eingebunden. Er erhielt in seinen verschiedenen Tätigkeitsbereichen die Verantwortung über bis zu 2.200 Mitarbeiter und war für internationale Benchmarking-Projekte sowohl in europäischen als auch nordamerikanischen Standorten verantwortlich. Bei Ford sammelte Löw bereits Erfahrung mit Lean-Prozessen, als er als Manager bei der Einführung schlanker Fertigungsmethoden in allen europäischen Fahrzeugfertigungsstätten maßgeblich beteiligt war.

**TOP**
INNOVATION
ERLEBEN

Es gibt viele Wege zur Innovation.

## Mehr als 100 erfolgreiche Wege präsentieren TOP-Unternehmen vor Ort.

Eine Initiative von

Bundesministerium
für Wirtschaft
und Technologie

www.top-online.de

F.A.Z.-INSTITUT
FÜR MANAGEMENT, MARKT UND MEDIENINFORMATIONEN GMBH